EXIT FIAT

Mit Bitcoin zu einer neuen Hochkultur

EXIT FIAT

MIT BITCOIN ZU EINER NEUEN HOCHKULTUR

How to HOCHKULTUR POCKET

Bibliografische Information der Deutschen
Nationalbibliothek: Die Deutsche Nationalbiblio-
thek verzeichnet diese Publikation in der Deutschen
Nationalbibliografie; detaillierte bibliografische
Daten sind im Internet über dnb.dnb.de abrufbar.

Verlag: BoD · Books on Demand GmbH,
Überseering 33, 22297 Hamburg, bod@bod.de
Druck: Libri Plureos GmbH, Friedensallee 273,
22763 Hamburg

ISBN: 978-3-7693-8747-6

www.hochkultur.org

Wer die Freiheit will,
muss den ersten Schritt machen.

Inhaltsverzeichnis

Teil 2: Bitcoin als Fundament einer neuen Hochkultur

Teil 3: Praktische Umsetzung – Schritte in die Bitcoin-Hochkultur

Teil 5: Die Renaissance der Freiheit

Warum du jetzt Bitcoin nutzen solltest

Manchmal gibt es Momente, in denen sich die Geschichte verdichtet. Phasen, in denen alles darauf hinweist, dass wir uns am Wendepunkt befinden. Eine alte Ordnung stirbt, eine neue entsteht – und genau jetzt stehen wir an einem solchen Punkt.

Es gibt Zeiten, in denen die Welt sich wandelt. Die Frage ist nicht, ob du es siehst – sondern ob du handelst.

Das Fiat-System bröckelt an allen Ecken und Enden. Regierungen drucken Geld, als gäbe es kein Morgen, während die Kaufkraft der Menschen dahinschmilzt wie Schnee in der Sonne. Immobilienpreise explodieren, Unternehmen werden durch Inflation stranguliert, ganze Nationen versinken in Schulden, die niemals zurückgezahlt werden können. Die Politiker tun, was sie immer tun: Sie versprechen Reformen, doch das einzige, was sie liefern, sind neue Steuern, neue Regulierungen und noch mehr Kontrolle.

Und während die meisten Menschen noch hoffen, dass „es schon nicht so schlimm wird", wächst im Untergrund ein alternatives System. **Bitcoin ist dieses System.**

Bitcoin ist nicht nur digitales Gold oder ein Spekulationsobjekt. Es ist der **Exit** aus der Fiat-Welt. Der erste wirklich neutrale Wertspeicher der Menschheitsgeschichte. Ein Geld, das niemand entwerten, niemand beschlagnahmen, niemand manipulieren kann.

Und das Beste daran? **Bitcoin braucht keine Erlaubnis.** Regierungen können es verteufeln, Banker können es ignorieren, aber es funktioniert trotzdem. Jeden Tag. Ohne Unterbrechung. Seit über einem Jahrzehnt. **Die Entscheidung liegt bei dir.** Du kannst warten. Darauf hoffen, dass sich das Fiat-System irgendwie selbst repariert. Dass Regierungen plötzlich rational wirtschaften. Dass Zentralbanken ihre Inflation in den Griff bekommen.

Erst ignorieren sie dich, dann lachen sie über dich, dann bekämpfen sie dich – und dann gewinnst du.

MAHATMA GANDHI (UND JEDER BITCOINER, DER ES VERSTANDEN HAT)

Oder du kannst aufwachen. Du kannst erkennen, dass Bitcoin nicht eine von vielen Möglichkeiten ist – sondern die einzige ernsthafte Alternative zu einem System, das seit Jahrzehnten gegen dich arbeitet. Und dann kannst du handeln. Denn eines ist sicher: **Es wird nie wieder so einfach sein wie heute.**

Bitcoin als Wegbereiter einer neuen Hochkultur

Wir leben in einer Zeit des Umbruchs. Die alte Ordnung wankt – Schuldenberge wachsen ins Unermessliche, Inflation frisst Kaufkraft, Staaten und Zentralbanken versuchen verzweifelt, ihre Macht durch neue Regulierungen und digitale Kontrollmechanismen zu sichern. Doch während sich das Fiat-System seinem unausweichlichen Ende nähert, entsteht parallel eine neue Welt. Eine Welt, die nicht mehr auf zentraler Planung, politischen Versprechen und manipuliertem Geld basiert, sondern auf **Freiheit, Eigenverantwortung und echter Wertschöpfung.**

Die wichtigste Wahl, die du in deinem Leben triffst, ist die Wahl deines Geldes.

Bitcoin ist das Fundament dieser neuen Welt. Es ist nicht nur eine Währung, nicht nur eine Technologie – **es ist eine Denkweise.** Wer Bitcoin versteht, erkennt, dass Freiheit nicht von Regierungen gewährt wird, sondern von Menschen ergriffen werden muss. Dass Wohlstand nicht durch Geldpolitik geschaffen wird, sondern durch produktive Arbeit. Dass keine zentrale Autorität über den Wert unseres Geldes bestimmen sollte – sondern einzig und allein die Menschen, die es nutzen.

Dieses Buch ist kein Finanzratgeber. Es wird dir nicht sagen, wann du kaufen oder verkaufen sollst. **Stattdessen geht es um etwas viel Größeres: Bitcoin als Schlüssel zu einer neuen Hochkultur.**

Die Vision einer freien Gesellschaft

Freiheit ist ohne finanziellen Selbstbesitz nicht möglich. Wer die Kontrolle über sein Geld verliert, verliert unweigerlich auch seine Autonomie. Die letzten Jahrhunderte haben gezeigt, dass Zentralbanken und Staaten die Finanzordnung zu ihrem Vorteil manipulieren, während die Bevölkerung die Folgen von Inflation und Enteignung tragen muss.

Bitcoin ist der Gegenentwurf zu diesem System. Es ist ein Finanzsystem ohne zentrale Kontrolle, das niemand willkürlich entwerten oder beschlagnahmen kann. Es ist ein Werkzeug, mit dem Menschen sich aus den Zwängen des Fiat-Systems befreien und eine eigene, unabhängige

Gib mir die Kontrolle über das Geld einer Nation, und es interessiert mich nicht, wer die Gesetze macht
MAYER AMSCHEL ROTHSCHILD

Ökonomie aufbauen können. **Mit Bitcoin entsteht erstmals eine Finanzordnung, die nicht auf politischer Willkür, sondern auf den Prinzipien einer echten Marktwirtschaft basiert.**

Doch Bitcoin ist nicht nur eine ökonomische Revolution. Es ist ein Hebel für eine tiefgreifende gesellschaftliche Transformation. Es ermöglicht freien Handel, unternehmerische Innovationen und neue Formen der Zusammenarbeit – jenseits staatlicher Regulierungen und Bürokratien. **Es ist der erste Schritt in eine Hochkultur, die auf echter Freiheit basiert.**

Warum dieses Buch?

Die meisten Bücher über Bitcoin konzentrieren sich auf Technik, Wirtschaft oder Investitionsstrategien. Doch nur wenige betrachten Bitcoin in einem größeren gesellschaftlichen Zusammenhang. Dieses Buch tut genau das.

Es ist eine Einladung, Bitcoin nicht nur als Geld, sondern als Katalysator für eine neue Ära zu begreifen.

Die Mission von *How to HOCHKULTUR* ist es, Bitcoin nicht bloß als eine Finanzinnovation zu betrachten, sondern als das Fundament **einer neuen Zivilisation – einer Hochkultur, die sich von**

staatlicher Bevormundung, zentralisierter Macht und manipulierten Währungen befreit.

Wir brauchen keine Reformen. Wir brauchen eine vollständige Transformation – eine Umgestaltung der Art, wie wir über Geld, Wirtschaft, Gesellschaft und Fortschritt denken. Dieses Buch richtet sich an alle, die bereit sind, diesen Wandel aktiv mitzugestalten:

→ Unternehmer, die ohne staatliche Einschränkungen frei wirtschaften wollen.
→ Freiheitsdenker, die sich aus der Abhängigkeit des Fiat-Systems lösen wollen.
→ Pioniere, die neue Parallelstrukturen aufbauen und Teil der ersten echten Bitcoin-Hochkultur werden wollen.

Bitcoin ist nicht nur eine Gelegenheit für finanzielle Unabhängigkeit – **es ist die Chance, eine ganze Gesellschaft neu zu denken.**

Was bedeutet Hochkultur?

Hochkultur ist mehr als nur Technologie oder Wirtschaftswachstum. **Sie ist das Zusammenspiel von Wissen, Kunst, Innovation und freien Märkten.**

Historisch gesehen sind Hochkulturen dann

entstanden, wenn Gesellschaften stabile Grundlagen für Wohlstand, Handel und kreative Entfaltung hatten. Doch fast alle Hochkulturen der Vergangenheit sind gescheitert – und das aus denselben zwei Gründen:

1. Sie haben ihr Geld zerstört.
2. Sie haben ihre Böden zerstört.

Wenn ein Geldsystem manipuliert wird, kollabiert das Vertrauen in die Wirtschaft. Wenn Böden durch Raubbau und schlechte Landwirtschaft zerstört werden, bricht die Lebensgrundlage der Menschen weg. Genau das erleben wir heute – Inflation entwertet unser Geld, während industrielle Landwirtschaft unsere Böden verwüstet.

Doch diesmal gibt es eine Lösung.

Bitcoin löst das Geldproblem – **es ist das erste nicht-manipulierbare Geld**. Und eine radikal holistische regenerative Landwirtschaft löst das Bodenproblem – **sie schafft fruchtbare Böden statt sie zu zerstören** (lies zum diesem Thema gerne unser Buch „Raus hier!").

Beides zusammen kann die Grundlage für eine neue Hochkultur sein: Eine Zivilisation, die nicht auf Ausbeutung und Manipulation basiert, sondern auf echtem Fortschritt und Nachhaltigkeit.

Die Kardashev-Skala und der zivilisatorische Fortschritt

Zivilisationen lassen sich danach einteilen, wie effizient sie Energie nutzen. Die **Kardashev-Skala** beschreibt, wie weit eine Gesellschaft in ihrer technologischen Entwicklung ist – von primitiven Stammesgesellschaften bis hin zu interplanetaren Zivilisationen.

Heute stecken wir in einer Sackgasse. Das Fiat-System zwingt uns in eine stagnierende Wirtschaft, in der Innovation durch Bürokratie und kurzfristiges Denken gehemmt wird. **Statt den nächsten Schritt in der zivilisatorischen Entwicklung zu machen, drehen wir uns im Kreis.**

Bitcoin könnte das ändern. Es belohnt nachhaltige Energiegewinnung, es ermöglicht globale Kooperation ohne zentrale Kontrolle, es gibt uns ein Geldsystem, das echtes Wirtschaftswachstum ermöglicht.

Die Zukunft liegt nicht in mehr Kontrolle, sondern in mehr Dezentralisierung.

Bitcoin als Motor
einer freien Gesellschaft

Dieses Buch zeigt, dass Bitcoin viel mehr ist als ein digitales Zahlungsmittel. Es ist die Grundlage für eine **friedliche Revolution** – eine Gesellschaft, in der Menschen **freiwillig** handeln, Innovationen **ohne Genehmigung** entstehen und Märkte wieder durch **echte Angebot-Nachfrage-Dynamiken** funktionieren.

Geld ist nicht neutral – die Wahl der Währung bestimmt, wie eine Gesellschaft funktioniert.

→ Fiat führt zu Inflation, Enteignung und Korruption.

→ Bitcoin führt zu Stabilität, Eigenverantwortung und Wohlstand.

Die Entscheidung, ob du Bitcoin nutzt oder nicht, ist eine Entscheidung zwischen diesen beiden Welten. Dieses Buch wird dir helfen, Bitcoin in seiner ganzen Tragweite zu verstehen – nicht nur als Wertspeicher, sondern als eine Lebensphilosophie. Eine Philosophie, die dich dazu befähigt, dein Leben selbst zu gestalten, abseits der Manipulationen des alten Systems.

Die Renaissance der Freiheit hat begonnen. Die einzige Frage ist: Wirst du ein Teil davon sein?

Teil 1

Grundlagen – Bitcoin und die Transformation der Gesellschaft

01 Geld als Fundament der Kultur und seine Krise im Fiat-System

Warum Geld die Grundlage jeder Hochkultur ist

Jede fortschrittliche Gesellschaft basiert auf einer funktionierenden Wirtschaft, und jede funktionierende Wirtschaft braucht ein stabiles Geldsystem. Ohne verlässliches Geld gibt es keinen Handel, keine langfristige Planung, keine effiziente Arbeitsteilung.

Geld ist eines der tiefsten und einflussreichsten Konzepte, die die Menschheit je entwickelt hat. Wer es kontrolliert, kontrolliert die Gesellschaft.

FRIEDRICH A. VON HAYEK

Geld ist die Brücke zwischen Zeit, Leistung und Zukunft.

Stell dir eine Welt vor, in der du für deine Arbeit mit Brot, Öl oder Salz bezahlt wirst. Ein einfacher Kauf im Supermarkt würde zur logistischen Herausforderung: Wie viele Laibe Brot entspricht ein neues Paar Schuhe? Tauschwirtschaft ist ineffizient, und genau deshalb haben sich Menschen seit

Jahrtausenden auf **Geld als universelles Wertmaß** geeinigt.

Doch nicht jedes Geld ist gleich. Die Geschichte zeigt, dass sich nur **jene Geldformen bewährt haben, die knapp, fälschungssicher und wertstabil sind.** Und genau hier beginnt unser Problem: Das heutige Fiat-Geld erfüllt keine dieser Kriterien mehr.

Die Geschichte des Geldes: Vom Tauschhandel zu Fiat-Geld

Bevor Geld erfunden wurde, lebten Menschen in einer Welt des Tauschs. Doch ein Problem wurde schnell offensichtlich: **Der Zufall musste passen.** Du hattest Getreide, wolltest Fleisch – doch der Metzger wollte kein Getreide, sondern Stoffe. Dieses „Double Coincidence of Wants"-Problem machte klar: **Es braucht eine universell akzeptierte Einheit, die jeder als Wertaufbewahrung akzeptiert.**

Also griffen Gesellschaften zu knappen, haltbaren und schwer manipulierbaren Gütern als Geld: **Muscheln, Steinscheiben, Salz, Gold und Silber.** Besonders Gold und Silber dominierten über Jahrtausende – aus gutem Grund:

WARUM GOLD & SILBER ALS GELD FUNKTIONIERTEN

✓ **Knappheit:** Gold und Silber konnten nicht beliebig vermehrt werden.

✓ **Haltbarkeit:** Kein Verfall, keine Abnutzung, keine Verderblichkeit.

✓ **Teilbarkeit:** Man konnte sie in kleinere Einheiten teilen.

✓ **Akzeptanz:** Überall auf der Welt anerkannt.

Doch dann kam der Wendepunkt. Staaten erkannten, dass sie Kontrolle über das Geld wollten. Zuerst ersetzten sie Gold- und Silbermünzen durch „Papiergeld", das zunächst durch Edelmetalle gedeckt war. Doch mit der Zeit wurde die Deckung schrittweise entfernt – bis 1971, als die USA unter Nixon den Goldstandard endgültig aufgaben. **Seither ist unser Geld nichts anderes als bedrucktes Papier oder digitale Zahlen – mit einem Wert, den der Staat diktiert.**

Der Fehler im System:
Staatsgeld und sein Niedergang

Geld sollte auf **Marktmechanismen** beruhen, nicht auf politischer Willkür. Doch genau das ist beim heutigen Fiat-Geld der Fall: **Es wird aus dem Nichts erschaffen, ohne dass ein realer Wert dahintersteht.**
Und genau hier liegt das Problem:
→ Staaten können unendlich viel Geld drucken – und tun es auch.
→ Banken verleihen Geld, das sie gar nicht haben (Fraktionalreserve-Banking).
→ Die Kaufkraft schrumpft, während Vermögenswerte wie Immobilien und Aktien explodieren.

Es gibt keine einzige Fiat-Währung in der Geschichte, die dauerhaft überlebt hat. **Jede Fiat-Währung ist am Ende auf null gefallen** – sei es durch Hyperinflation, Staatsbankrott oder Währungsreformen. Die römischen Denare, die deutschen Reichsmark, die venezolanischen Bolivar – alle erlagen demselben Schicksal.

Papiergeld kehrt früher oder später zu seinem inneren Wert zurück – null.
VOLTAIRE

Inflation und Enteignung: Wie das aktuelle Geldsystem Wohlstand zerstört

„2 % Inflation ist gut für die Wirtschaft" – hast du diesen Satz schon mal gehört? Uns wird ständig eingeredet, dass ein bisschen Inflation nötig sei. Aber was bedeutet das in der Praxis?

Inflation ist nichts anderes als eine versteckte Steuer – eine systematische Enteignung durch Geldentwertung. Wer 100.000 Euro auf dem Konto hat, verliert durch 10 % Inflation real 10.000 Euro Kaufkraft. Und wer profitiert? **Diejenigen, die nahe an der Quelle des neu geschaffenen Geldes sitzen – Staaten, Banken und große Konzerne.**

WER GEWINNT UND WER VERLIERT BEI INFLATION?

Gewinner: Staaten (Schulden werden entwertet), Banken (drucken Kreditgeld) und Superreiche (investieren in inflationssichere Assets).

Verlierer: Lohnabhängige (Gehälter steigen nie so schnell wie Inflation), Sparer (Ersparnisse schmelzen dahin) und Rentner (fixe Einkommen verlieren an Wert).

Der Trick ist perfide: Der Staat druckt neues Geld, behauptet, das sei gut für die Wirtschaft – doch in Wirklichkeit zahlt die breite Bevölkerung die Rechnung durch höhere Lebenshaltungskosten. **Wer im Fiat-System spart, wird schleichend enteignet.**

Die Politik von heute sorgt für Inflation von morgen – und schiebt die Schuld dann auf den Markt.

LUDWIG VON MISES

Zentrale Kontrolle vs. individuelle Freiheit: Wie Staaten und Banken das Geldmonopol nutzen

Warum haben Staaten ein so großes Interesse daran, das Geldmonopol zu behalten? Ganz einfach: **Kontrolle.**

→ **Inflation ist ein Steuersystem ohne Gesetz** – Der Staat kann seine Schulden entwerten, ohne dass er offen Steuern erhöhen muss.

→ **Geldpolitik als Manipulationswerkzeug** – Zentralbanken beeinflussen mit Zinssätzen künstlich die Wirtschaft.

→ **Finanzielle Repression** – Kapitalverkehrskontrollen, Bargeldverbote und CBDCs sollen absolute Kontrolle über dein Geld ermöglichen.

DIE NEUEN KONTROLLINSTRUMENTE
DES FIAT-SYSTEMS

→ **Bargeldabschaffung**: Wenn alles digital ist, kann jeder Cent nachverfolgt und gesperrt werden.

→ **CBDCs (Digitale Zentralbankwährungen)**: Programmierbares Geld, das nur für bestimmte Zwecke ausgegeben werden kann.

→ **Social Credit Scores**: Verbindung von Finanztransaktionen mit Verhaltensüberwachung – wer sich „falsch" verhält, verliert Zugang zu seinem Geld.

Der Staat will dich glauben lassen, dass du in einer freien Wirtschaft lebst. Doch solange er das Geldmonopol besitzt, ist deine finanzielle Freiheit nur eine Illusion. **Wer das Geld kontrolliert, kontrolliert die Menschen.**

Fazit: Ein kaputtes System braucht eine Alternative

→ Geld ist das Fundament jeder Hochkultur – doch unser aktuelles Geld ist manipuliert, inflationär und wertlos.

→ Inflation enteignet die breite Bevölkerung zugunsten der politischen und wirtschaftlichen Elite.

→ Staaten nutzen das Geldmonopol als Mittel zur Kontrolle und zur Durchsetzung ihrer Interessen.

→ Fiat-Geld ist nicht reformierbar – es muss ersetzt werden.

Die Frage ist: **Gibt es eine Alternative?** Ja. Und sie existiert bereits. **Bitcoin.**

02 Bitcoin –
Das erste wirklich freie Geld

Die Geburt von Bitcoin: Satoshi Nakamoto und die Lösung des Double-Spending-Problems

Am 31. Oktober 2008, mitten in der schlimmsten Finanzkrise seit Jahrzehnten, veröffentlichte ein anonymer Entwickler oder eine Gruppe unter dem Pseudonym **Satoshi Nakamoto** ein bahnbrechendes Dokument: das **Bitcoin-Whitepaper**. Auf gerade einmal neun Seiten wurde eine Revolution skizziert – ein System für digitales Geld, das ohne Banken auskommt.

Wir können nicht erwarten, dass Staaten und Banken ihre eigene Macht beschränken. Deshalb haben wir Bitcoin.

SATOSHI NAKAMOTO

Die Welt war damals im Chaos. Banken hatten mit Spekulationen und Schuldenblasen die Weltwirtschaft an den Rand des Kollapses gebracht. Die Lösung der Staaten? Noch mehr Geld drucken, noch mehr Banken retten – auf Kosten der Allgemeinheit.

Satoshi Nakamoto sah, was viele noch ignorierten: **Das Problem lag nicht in der Krise selbst, sondern im Geldsystem dahinter.**

Bitcoin wurde nicht erschaffen, um ein neues Finanzprodukt zu sein. **Es war eine Kriegserklärung an das Fiat-System.**

DIE GENESIS-MESSAGE VON BITCOIN

In den ersten Bitcoin-Block schrieb Satoshi folgende Nachricht: *„The Times 03/Jan/2009 Chancellor on brink of second bailout for banks."*

Das war kein Zufall. Es war eine Anspielung auf die massiven Bankenrettungen – und ein Symbol für den Grund, warum Bitcoin existiert.

DAS WHITEPAPER ALS MANIFEST FÜR EINE NEUE FINANZORDNUNG

Das Bitcoin-Whitepaper mit dem Titel **„Bitcoin: A Peer-to-Peer Electronic Cash System"** beschreibt eine Methode, um Geld digital zu übertragen – **ohne Mittelsmänner, ohne Banken, ohne Staaten**.

Das Kernproblem, das Bitcoin löst: Bisher war es nicht möglich, digitales Geld zu besitzen, ohne sich auf eine dritte Partei zu verlassen. Jede digitale Transaktion musste von einer Bank oder einem Zahlungsanbieter überprüft werden, um sicherzustellen, dass das Geld nicht doppelt ausgegeben wird – das sogenannte **Double-Spending-Problem.**

Bitcoin löste dieses Problem mit einer **dezentralen Datenbank – der Blockchain**. Jeder kann Transaktionen einsehen, keiner kann sie fälschen oder zurücknehmen.

Das Whitepaper beschreibt **drei zentrale Prinzipien von Bitcoin**:

1. **Dezentralität** – Kein Staat, keine Bank kann Bitcoin kontrollieren oder verändern.

2. **Transparenz** – Jeder kann alle Transaktionen verifizieren. Kein Insiderwissen, keine Hinterzimmer-Deals.

3. **Unveränderlichkeit** – Einmal in die Blockchain geschrieben, ist eine Transaktion unumkehrbar. Kein Politiker kann sie per Gesetz rückgängig machen.

Mit diesen Prinzipien war klar: **Bitcoin ist nicht nur eine technische Erfindung – es ist eine Revolution gegen das zentrale Geldmonopol.**

Technische Basis: Blockchain, Dezentralität und Sicherheit als Kernkomponenten

Viele hören das Wort **Blockchain** und denken an ein kompliziertes Konzept. Doch im Grunde ist die Idee simpel:

Bitcoin nutzt eine Kette von Blöcken (daher „Blockchain"), in der jede Transaktion gespeichert wird. Jeder kann sich die gesamte Historie ansehen, aber niemand kann nachträglich etwas ändern oder fälschen.

Warum ist das bahnbrechend?

→ Die Blockchain ersetzt die Bank als zentrale Instanz.

→ Keine Einzelperson, kein Unternehmen und keine Regierung kann Transaktionen manipulieren.

→ Jeder Teilnehmer im Netzwerk wird zum Wächter der Integrität des Systems.

Sicherheit durch Mathematik

→ Bitcoin ist nicht auf Vertrauen angewiesen – **es basiert auf Mathematik**.

→ Einmal bestätigte Transaktionen sind endgültig.

→ Alle Regeln sind im Code verankert und können nicht einfach verändert werden.

→ Bitcoin ist unkaputtbar – selbst wenn 90 % der Netzwerkknoten ausfallen, läuft es weiter.

Warum kann Bitcoin nicht gehackt werden?

→ Während Banken ständig gehackt werden, bleibt Bitcoin unangetastet. Warum?

→ Bitcoin ist vollständig **dezentral** – es gibt keinen Angriffspunkt wie eine Bank.

→ Es nutzt modernste **Kryptografie**, die selbst Supercomputer nicht knacken können.

→ Jeder, der es versucht, scheitert an der **reinen mathematischen Härte des Systems**.

Was Bitcoin von allem bisherigen Geld unterscheidet

Bitcoin ist das erste **wirklich knappe Geld** der Geschichte. **Maximal 21 Millionen Bitcoin – nie mehr.** Im Gegensatz zu Fiat-Geld, das beliebig vermehrt werden kann, ist die Menge von Bitcoin von Anfang an festgelegt.

Kein Mittelsmann – keine Banken, keine Staaten, keine Kontrolle. Bitcoin gehört nur dir. Kein Bankkonto, keine Genehmigung, keine Willkür.

Absolute Transparenz – jeder kann die Regeln nachprüfen, niemand kann sie ändern. Bitcoin ist der erste Geldstandard, bei dem die Spielregeln für alle gleich sind.

DIE MACHT DES ALGORITHMUS VS. DIE WILLKÜR DER POLITIK

Während Zentralbanken ihre Regeln jederzeit ändern, bleibt Bitcoin unverändert. Es folgt **mathematischen Regeln, nicht politischer Willkür**.

Bitcoin ist das erste Mal, dass Menschen Eigentum an digitalem Wert haben – ohne die Erlaubnis eines Dritten.

ANDREAS ANTONOPOULOS

Warum Bitcoin nicht nur „digitales Gold", sondern mehr ist

Viele nennen Bitcoin „digitales Gold". Aber es ist weit mehr als das.

Gold hat physische Grenzen – Bitcoin ist global und jederzeit übertragbar. Ein Kilogramm Gold von Europa nach Japan zu transportieren, kostet Zeit und Geld. Bitcoin kann in Sekunden weltweit versendet werden – für wenige Cent.

Bitcoin ermöglicht Eigentum an Wert ohne physische Anwesenheit. Du kannst eine Million Euro in Bitcoin besitzen, ohne dass jemand davon weiß. Keine Bank kann dein Konto einfrieren, kein Staat kann es dir wegnehmen.

Geld 2.0 – eine programmierbare, grenzenlose, universelle Währung.

Mit Bitcoin kannst du:

→ **Mikrotransaktionen** durchführen (ein Cent oder weniger).

→ **Smart Contracts** nutzen – Verträge, die sich selbst ausführen.

→ **Ein globales Finanzsystem** betreiben, ohne dass eine Bank mitverdient.

Bitcoin ist das Element 0 – reine Information, ein digitaler Rohstoff

Gold ist selten. Doch Bitcoin ist noch seltener – und es hat eine zusätzliche Eigenschaft: **Es ist reine Information.**

Ein Bitcoin kann auf einem Stück Papier stehen. Er kann in einem Code versteckt sein. Er kann im Kopf eines Menschen gespeichert werden (indem man sich den Seed merkt). **Bitcoin ist die erste Form von Wert, die vollkommen unabhängig von physischen Gütern existiert.**

BITCOIN ALS ENERGIE-GELD

→ Bitcoin ist gespeicherte Energie.

→ Es kann überall hin transportiert werden, ohne zu „verderben".

→ Es ist die härteste Form von Geld, die je existiert hat.

Fazit: Bitcoin ist die Antwort auf Fiat-Geld

→ Es gibt keine zentrale Instanz, die Bitcoin kontrolliert.

→ Es gibt keine Inflation, keine willkürlichen Eingriffe.

→ Es gibt keine physische Grenze für den Besitz oder Transfer von Bitcoin.

Die einzige Frage ist: **Wann steigst du aus dem Fiat-System aus?**

03 Bitcoin, Freiheit und der Aufstieg in der Kardashev-Skala

Bitcoin ist weit mehr als ein alternatives Zahlungssystem oder ein Wertspeicher. Es ist ein Werkzeug zur Befreiung, eine Möglichkeit, sich den Ketten zentraler Kontrolle zu entziehen und eine Gesellschaft zu schaffen, die auf **Freiwilligkeit, Eigenverantwortung und echten Märkten** basiert. Die Verbindung zwischen Bitcoin und Libertarismus ist kein Zufall: **Das Konzept des freien Geldes ist der entscheidende Schritt zur Freiheit des Individuums.**

Bitcoin ist Freiheit – weil es den Menschen von den Fesseln staatlicher Geldpolitik befreit.

ERIK VOORHEES

Bitcoin und Libertarismus: Warum Bitcoin und freiheitliche Prinzipien untrennbar sind

Der Libertarismus beruht auf zwei fundamentalen Ideen: **Voluntarismus und Eigentumsrechte.** Jeder Mensch sollte über sein Leben und sein Eigentum frei verfügen können, ohne Einmischung durch den Staat oder andere Zwangsgewalten. Doch in der Welt des Fiat-Geldes existiert echte finanzielle Selbstbestimmung nicht. Geld wird nicht durch freiwillige Interaktionen, sondern durch staatliche Dekrete und Manipulation geschaffen.

Bitcoin ist der Ausweg aus diesem System. Zum ersten Mal in der Geschichte kann jeder Mensch Geld besitzen und verwenden, ohne eine Bank um Erlaubnis fragen zu müssen. Es gibt keine zentralen Instanzen, keine Genehmigungen, keine willkürlichen Kontosperrungen. **Bitcoin ist Eigentum in seiner reinsten Form.**

Natürlich hassen Staaten Bitcoin. Denn es entzieht ihnen die Kontrolle über die Geldschöpfung – und damit über die finanzielle Existenz ihrer Bürger. Die Angst der Regierungen vor Bitcoin ist keine Verschwörungstheorie, sondern ein logischer Reflex. Denn wer das Geld kontrolliert, kontrolliert die Gesellschaft. Doch mit Bitcoin bricht dieses Monopol.

Dezentrales Geld als Schritt zur Freiheit

Wenn der Staat kein Monopol mehr über das Geld hat, verliert er eine seiner stärksten Waffen: **Inflation als versteckte Steuer und Kontrolle über den Wirtschaftsfluss**. Die Tatsache, dass Bitcoin dezentral und begrenzt ist, macht es unmöglich, willkürlich Geld zu erschaffen und damit die Bevölkerung zu enteignen.

Das geht jedoch noch weiter. **Bitcoin ist ein Friedensinstrument**. Staaten können Kriege nur führen, weil sie unbegrenzt neues Geld drucken können. Historisch gesehen waren Kriege oft das Ergebnis inflationärer Geldpolitik – Regierungen verschuldeten sich über ihre Möglichkeiten und finanzierten ihre Feldzüge mit wertlosem Papiergeld. Ohne diese Möglichkeit müssten Kriege durch freiwillige Finanzierung oder durch reale Wertdeckung bezahlt werden – und wären damit deutlich schwieriger zu führen.

Die einzige Möglichkeit, sich aus diesem korrupten System zu befreien, ist der Aufbau von **Parallelstrukturen**. Wer sich finanziell unabhängig macht, indem er Bitcoin verwendet, entzieht dem Staat die Grundlage seiner Macht. Die Exit-Strategie aus dem Fiat-System besteht nicht darin, es zu reformieren, sondern **es überflüssig zu machen**.

Wie technologischer Fortschritt mit der Geldform zusammenhängt

Zivilisationen entwickeln sich nur so weit, wie ihr Geldsystem es erlaubt. Ein instabiles, inflationäres Geldsystem führt zu kurzfristigem Denken, wirtschaftlichem Stillstand und kulturellem Verfall. Ein stabiles, sicheres und werterhaltendes Geld hingegen fördert Innovation, langfristige Planung und nachhaltigen Wohlstand.

Bitcoin verändert die Zeitpräferenz der Menschen. Während Fiat-Geld dazu zwingt, schnell auszugeben und zu konsumieren (weil das Geld an Wert verliert), schafft Bitcoin eine neue Denkweise: **Investiere heute, ernte die Früchte morgen.**

Technologie ist der Motor wirtschaftlicher Evolution – doch sie braucht ein solides Fundament. In der Fiat-Welt wird Innovation oft durch Subventionen und Schulden künstlich aufgebläht. In einer Bitcoin-Welt hingegen setzt sich nur das durch, was **echten Wert generiert**.

Bitcoin als Schlüssel zu einer poststaatlichen, dezentralen Hochkultur

Die zentralistische Planwirtschaft, in der wir heute leben, ist das Gegenteil eines freien Marktes. Bürokratie, Regulierung und politische Einflussnahme verzerren den Wettbewerb und verhindern echten Fortschritt. Mit Bitcoin ist zum ersten Mal eine Alternative greifbar: Eine Gesellschaft, in der Werte über freiwilligen Austausch geschaffen werden, nicht durch Zwang.

Dezentrale Gesellschaftsstrukturen wie Free Cities, DAOs und Bitcoin-basierte Ökonomien sind die logische Konsequenz. Parallelgesellschaften, die Bitcoin als Basis nutzen, sind nicht nur möglich, sondern unvermeidlich. Wer frei leben will, wird sich in solchen Strukturen organisieren – außerhalb des staatlichen Systems.

Bitcoin ist nicht nur eine Finanz-, sondern eine Gesellschaftsrevolution.

Energie, Innovation und der nächste Evolutionsschritt

Ein zentraler Irrglaube über Bitcoin ist, dass es Energie „verschwendet". In Wirklichkeit ist das Gegenteil der Fall: **Bitcoin ist der Schlüssel zu echter regenerativer Energie.** Windkraft und Solaranlagen sind keine echten regenerativen Energiequellen, weil sie keine kontinuierliche Energie liefern und immense Ressourcen für ihre Herstellung benötigen. Bitcoin hingegen nutzt überschüssige, ungenutzte Energie und fördert die Erschließung neuer Energiequellen, die sonst unwirtschaftlich wären.

Bitcoin-Mining kann dezentral mit Energiequellen betrieben werden, die zuvor nicht wirtschaftlich genutzt werden konnten: Geothermie, Wasserkraft in abgelegenen Regionen oder überschüssiges Gas, das sonst verbrannt würde. **Bitcoin ist der erste Wirtschaftssektor, der aktiv zur Erschließung freier Energie beiträgt.**

Der Übergang von einer Fiat-Ökonomie zu einer nachhaltigen, freien Ökonomie ist nur mit Bitcoin möglich.

Bitcoin führt uns auf der **Kardashev-Skala** nach oben – ein Maßstab für den zivilisatorischen Fortschritt basierend auf Energieverfügbarkeit. Während wir uns heute auf einer niedrigen Stufe befinden, kann Bitcoin durch die Förderung freier Energiequellen den Übergang zu einer höher entwickelten Zivilisation ermöglichen.

Die Zukunft ist hyperbitcoinisiert – und sie ist frei.

BITCOIN ALS KATALYSATOR FÜR DEN AUFSTIEG AUF DER KARDASHEV-SKALA

Bitcoin-Mining zwingt uns, nach effizienteren Energiequellen zu suchen. Durch die Nutzung freier Energiequellen und die Eliminierung von Fiat-Subventionen beschleunigt Bitcoin den Übergang zu **echter regenerativer Energie und langfristigem Denken**. Damit könnte Bitcoin unser Ticket in eine **Typ-I-Zivilisation** sein – eine Welt, in der Energie nicht mehr künstlich verknappt wird, sondern in Fülle für alle existiert.

Bitcoin ist nicht nur eine finanzielle, sondern eine zivilisatorische Revolution!

DIE KARDASHEV-SKALA – EIN MASSSTAB FÜR ZIVILISATORISCHEN FORTSCHRITT

Die **Kardashev-Skala** ist ein Modell zur Klassifizierung von Zivilisationen basierend auf ihrem Energieverbrauch. Der sowjetische Astrophysiker Nikolai Kardashev entwickelte sie in den 1960er Jahren, um einzuschätzen, wie weit eine Zivilisation technologisch fortgeschritten ist.

Typ-0-Zivilisation (wo wir heute stehen):
Wir nutzen fossile Brennstoffe und ineffiziente Energiequellen, während unser Finanzsystem zentralisiert und manipulierbar ist. Unsere Gesellschaft ist durch kurzfristiges Denken geprägt.

Typ-I-Zivilisation (planetar):
Eine Gesellschaft, die alle verfügbaren Energiequellen ihres Planeten effizient nutzt – einschließlich Geothermie, Kernfusion und direkter Sonnenenergie. Eine solche Zivilisation hätte freie, dezentrale Energie – genau das, was Bitcoin-Mining ermöglicht.

Typ-II-Zivilisation (stellare):
Diese Zivilisation nutzt die gesamte Energie ihres Sterns, beispielsweise durch Dyson-Sphären, die Sonnenenergie vollständig ernten.

Typ-III-Zivilisation (galaktisch):
Eine Zivilisation, die die Energie einer ganzen Galaxie kontrolliert und interstellare Reisen gemeistert hat.

Zusammenfassung von Teil 1: Die Transformation beginnt

Die Welt des Fiat-Geldes ist zum Scheitern verurteilt. Sie basiert auf Manipulation, Inflation und zentraler Kontrolle. Staaten nutzen das Geldmonopol, um ihre Macht zu erhalten, während die breite Bevölkerung schleichend enteignet wird. Dieses System ist nicht reformierbar – es muss ersetzt werden.

Bitcoin ist die Alternative.

Zum ersten Mal in der Geschichte existiert eine Form von Geld, die:

→ Nicht inflationiert werden kann.

→ Nicht durch Staaten oder Banken kontrollierbar ist.

→ Auf freiwilligem Austausch basiert.

Freiheit ist ohne ein freies Geldsystem nicht möglich. Bitcoin ist nicht nur eine Finanzinnovation, sondern die Grundlage für eine neue Hochkultur – eine Zivilisation, die auf **Eigenverantwortung, Marktwirtschaft und langfristigem Denken** basiert.

Die entscheidende Frage ist: **Wie schnell vollziehen die Menschen den Übergang?**

Die Transformation hat begonnen. Die alte Ordnung bröckelt – die neue wächst im Verborgenen. Und wer heute handelt, gehört zu den Pionieren dieser neuen Ära.

Teil 2

Bitcoin
als Fundament
einer neuen Hochkultur

04 Wirtschaftliche Freiheit durch Bitcoin – Die Revolution des Marktes

Die meisten Menschen wachsen mit dem Glauben auf, wir lebten in einer freien Marktwirtschaft. Angebot und Nachfrage bestimmen die Preise, Unternehmer konkurrieren fair, und Innovation setzt sich durch – so lautet die Erzählung. Doch diese Vorstellung ist eine Illusion. Unser heutiges Wirtschaftssystem ist kein freier Markt, sondern eine von Staaten und Banken gelenkte Planwirtschaft, in der echte Konkurrenz systematisch unterdrückt wird.

> *Jeder Markt, den man zentralisiert, wird manipuliert. Jeder Markt, den man befreit, wird florieren.*
>
> **SAIFEDEAN AMMOUS**

Der Grund dafür liegt in der **Manipulation des Geldes**.

Eine echte Marktwirtschaft erfordert stabiles Geld, das nicht von einer zentralen Instanz beliebig vermehrt werden kann. **Fiat-Geld ist das Gegenteil davon.** Es wird von Zentralbanken künstlich erzeugt, Banken dürfen es aus dem Nichts verleihen, und Regierungen nutzen es, um Märkte durch Subventionen, Vorschriften und Steuererleichterungen für ihre Favoriten zu steuern. **Bitcoin verändert das grundlegend – es befreit den Markt von diesen Fesseln.**

Warum Fiat keine echte Marktwirtschaft ermöglicht

In einem gesunden, freien Markt entscheiden Verbraucher, welche Produkte und Dienstleistungen erfolgreich sind. Unternehmen, die schlechte Arbeit leisten, verschwinden – diejenigen, die Innovation und Effizienz bieten, setzen sich durch. So sollte es sein.

Doch im heutigen Fiat-System ist das nicht der Fall. Staaten und Banken mischen sich massiv in den Markt ein – und zwar nicht, um ihn „zu regulieren", sondern um ihn nach ihren eigenen Interessen zu gestalten.

Statt freiem Wettbewerb haben wir **Korporatismus** – eine enge Verflechtung von Großkonzernen und Politik.

Warum unser System kein Kapitalismus ist:

→ Staatliche Subventionen halten ineffiziente Unternehmen künstlich am Leben.

→ Zentralbanken steuern durch Zinssätze, wer Zugang zu Kapital hat.

→ Regulierungen schaffen künstliche Hürden, um kleine Wettbewerber auszubremsen.

→ Inflation entwertet Sparvermögen und zwingt die Menschen zur Abhängigkeit vom Finanzsystem.

Unternehmen im freien Markt stehen im Wettbewerb um Kunden. Unternehmen im Korporatismus stehen im Wettbewerb um politische Privilegien.

MURRAY N. ROTHBARD

Die Folgen sind dramatisch: Während große Konzerne durch billiges Kreditgeld wachsen und sich weltweit ausbreiten können, bleibt der Mittelstand auf der Strecke. **Der Kapitalismus, wie er eigentlich gedacht war, existiert nicht mehr.**

Wie Bitcoin Korporatismus entgegenwirkt und freie Märkte wiederherstellt

Bitcoin ist das erste Geld, das sich nicht manipulieren lässt. Niemand kann Bitcoin einfach erschaffen oder durch politische Entscheidung umverteilen. Das bedeutet:

→ Keine billigen Kredite für politisch bevorzugte Konzerne.

→ Kein „Too Big to Fail" – wer schlecht wirtschaftet, geht unter.

→ Keine willkürlichen Zinssätze – der Markt setzt den Preis für Kapital selbst.

Bitcoin sorgt für echte **Preisbildung**. In einem Fiat-System gibt es keine echten Preise – sie werden durch Inflation, Subventionen und Regulierung verzerrt. Mit Bitcoin kehrt die **Wahrheit der Märkte** zurück: Angebot und Nachfrage setzen die Preise, nicht eine Zentralbank oder Regierung.

Besonders bedeutend ist, dass Bitcoin **Free Banking** ermöglicht. Banken waren historisch dafür da, Spargelder sicher aufzubewahren und gegen Gebühr Kredite zu vergeben. Doch im heutigen System sind Banken nicht mehr nur Dienstleister – sie sind Gatekeeper. Sie entscheiden, wer ein Konto bekommt, wer Geld überweisen darf, und wer überhaupt wirtschaftlich tätig sein kann.

Bitcoin stellt dieses Monopol infrage. **Plötzlich sind Banken überflüssig.** Jeder kann Bitcoin speichern, senden und empfangen – ohne Bank, ohne Genehmigung. **Das ist wahre wirtschaftliche Freiheit.**

Die Chancen für Start-ups und etablierte Unternehmen in einer Bitcoin-Ökonomie

Während Fiat-Geld Unternehmen zwingt, mit Banken zusammenzuarbeiten, Kapital über Schulden aufzunehmen und ständig zu wachsen, eröffnet Bitcoin ganz neue Finanzierungswege.

1. Zugang zu Kapital ohne Banken:
Unternehmen können sich direkt über Bitcoin Crowdfunding finanzieren. Keine Bank kann das stoppen, keine Regierung kann es verbieten.

2. Unternehmerische Innovation durch Bitcoin:
Lokale, globale und digitale Geschäftsmodelle sind einfacher denn je. Mit Bitcoin kann man überall auf der Welt sofort bezahlen – ohne Wechselkurse, Banken oder Zahlungsanbieter.

3. Dezentralisierte Arbeitsmärkte:
In der Fiat-Welt hängt dein Job davon ab, wo du lebst. In der Bitcoin-Welt kannst du für ein Unternehmen in El Salvador arbeiten, dein Gehalt in Bitcoin erhalten und es ohne Bank überall ausgeben.

Diese Veränderungen öffnen enorme Chancen für echte Innovation. **Bitcoin befreit Unternehmen von der Abhängigkeit staatlicher und finanzieller Kontrolle.**

Was eine deflationäre Ökonomie für Kultur, Wissenschaft und Kunst bedeutet

Eine der größten Lügen des Fiat-Systems ist die Behauptung, dass **Wirtschaftswachstum nur mit Inflation möglich sei**. Das ist Unsinn.

In Wahrheit führt Inflation zu einem permanenten Konsumzwang. Weil Geld mit der Zeit an Wert verliert, muss es schnell ausgegeben werden. Das bedeutet:

→ Unternehmen setzen auf kurzfristige Gewinne statt langfristige Qualität.

→ Wissenschaft wird durch staatliche Förderungen in bestimmte Richtungen gelenkt.

→ Kunst und Kultur werden durch Subventionen verzerrt – statt echter Kreativität entstehen ideologisch motivierte Projekte.

Bitcoin ändert das radikal. Wenn Geld an Wert gewinnt, wird langfristiges Denken gefördert. Wissenschaft und Innovation bekommen eine solide, marktorientierte Basis. Kunst und Kultur entstehen durch echte Nachfrage, nicht durch staatlich finanzierte Programme.

Geld, das nicht inflationiert, fördert Qualität. Menschen denken langfristig, investieren nachhaltiger und schaffen echte Werte.
MICHAEL SAYLOR

Ein deflationäres Geldsystem bedeutet, dass wir uns von kurzfristigem Denken verabschieden und wieder eine Hochkultur aufbauen können, die auf echter Qualität basiert.

Fazit: Bitcoin bringt echte Marktwirtschaft zurück

Bitcoin ist nicht nur eine Alternative zu Fiat-Geld – es ist eine **Revolution des gesamten Wirtschaftssystems**.

→ Es beseitigt Korporatismus und künstliche Monopole.
→ Es stellt echte Preisbildung wieder her.
→ Es gibt Unternehmern Zugang zu Kapital ohne Banken.
→ Es fördert langfristiges Denken und Qualität statt kurzfristige Gewinne.

Bitcoin befreit nicht nur das Individuum – **es befreit den Markt**. Und ein freier Markt ist die Grundlage für eine Hochkultur, die auf Innovation, Kreativität und echtem Fortschritt basiert.

Die Frage ist nicht, ob Bitcoin das Fiat-System ersetzt. Die Frage ist nur, **wie lange sich das alte System noch halten kann, bevor es zusammenbricht**.

Eigentum, Verantwortung und Selbstbestimmung

Die meisten Menschen glauben, sie seien finanziell unabhängig – doch das ist eine Illusion. **Solange dein Geld von Banken verwaltet wird, hast du kein echtes Eigentum.** Solange du mit Inflation lebst, kannst du nicht wirklich sparen. Und solange der Staat dir vorschreibt, wie du dich abzusichern hast, bist du nicht souverän.

Bitcoin verändert das radikal. Es gibt dir die Möglichkeit, dein Geld wirklich zu besitzen – aber mit dieser Freiheit kommt auch Verantwortung. In einer

Es gibt keine Freiheit ohne ökonomische Unabhängigkeit.
FRIEDRICH A. VON HAYEK

Welt ohne Banken gibt es niemanden, der für dich haftet. In einer Welt ohne Fiat-Geld gibt es keine „Rettungspakete". **Mit Bitcoin bist du dein eigener Herr – mit allen Konsequenzen.**

Warum Bitcoin das Bewusstsein für Verantwortung verändert

In der Fiat-Welt sind wir es gewohnt, Verantwortung abzugeben. Banken verwalten unser Geld, der Staat sorgt für unsere Rente, Versicherungen übernehmen unser Risiko. Dieses System hat einen großen Nachteil: **Es macht uns abhängig.**

Mit Bitcoin fällt diese Bequemlichkeit weg. Plötzlich gibt es keine Bank mehr, die deine Transaktionen rückgängig macht. Keine Zentralbank, die den Geldhahn öffnet, wenn die Wirtschaft schwächelt. **Bitcoin zwingt dich, Verantwortung für dein eigenes Leben zu übernehmen.**

FINANZIELLE SOUVERÄNITÄT: JEDER IST SEINE EIGENE BANK – MIT ALLEN KONSEQUENZEN

Mit Bitcoin besitzt du dein Geld **wirklich**. Kein Dritter kann es einfrieren, kein Staat kann es enteignen, keine Bank kann darüber bestimmen.

Aber das bedeutet auch: **Wenn du Mist baust, gibt es keine zweite Chance.**

→ Vergisst du deinen Private Key? Pech gehabt.
→ Schickst du Bitcoin an die falsche Adresse? Für immer verloren.
→ Wirst du gehackt, weil du unsicher speicherst? Niemand rettet dich.

Bitcoin hat keine „Kundendienst"-Hotline. **Und genau das macht es so wertvoll.**

KEINE REVERSALS, KEINE RETTUNG: WARUM BITCOIN VERANTWORTUNGSBEWUSSTSEIN ERZWINGT

Die Fiat-Welt ist voller Sicherheitsnetze. Banken erstatten dir fehlerhafte Überweisungen, Staaten retten pleitegehende Unternehmen, Zentralbanken stabilisieren Märkte. **Bitcoin kennt diese Mechanismen nicht.**

Das zwingt Menschen dazu, **sorgfältiger, bewusster** und **langfristiger zu handeln.** Wer Bitcoin nutzt, lernt:

→ Verantwortung für sein Eigentum zu übernehmen.

→ Sich mit IT-Sicherheit und Finanzwissen auseinanderzusetzen.

→ Selbstständig zu denken, statt sich auf Dritte zu verlassen.

Bitcoin ist ein System für Erwachsene. Es funktioniert nicht für Menschen, die Verantwortung abgeben wollen. Es belohnt diejenigen, die sich mit den Regeln auseinandersetzen und intelligent handeln.

SKIN IN THE GAME: WER WERT SPEICHERT, DENKT LANGFRISTIG

Bitcoin belohnt nicht nur Verantwortung, sondern auch langfristiges Denken. **Wer Bitcoin besitzt, hat „Skin in the Game" – echtes Risiko und echte Beteiligung.**

In der Fiat-Welt können sich Politiker Fehlentscheidungen leisten, weil sie nicht mit eigenem Geld haften. Zentralbanken können inflationieren, weil sie selbst nicht betroffen sind. In einer Bitcoin-Welt ist das anders: **Wer Geld speichert, übernimmt Verantwortung für seine Entscheidungen.**

Low-Time-Preference: Warum Bitcoiner langfristig denken

Einer der größten psychologischen Effekte von Bitcoin ist der Wandel von kurzfristigem Konsum zu langfristiger Planung.

Fiat fördert kurzfristigen Konsum, Bitcoin fördert langfristige Planung.

Die Fiat-Welt zwingt Menschen zum schnellen Geldausgeben. Warum? Weil Geld auf dem Konto ständig an Wert verliert. Wer langfristig sparen will, muss in risikoreiche Finanzprodukte investieren oder Immobilien kaufen – und sich dabei oft verschulden.

Bitcoin dreht dieses Spiel um:

→ Es zwingt dich nicht, ständig dein Geld auszugeben.

→ Es belohnt Geduld und strategische Planung.

→ Es macht Kredite und Verschuldung überflüssig.

DIE PSYCHOLOGIE DES BITCOINERS

Geringe Zeitpräferenz → Bitcoin-Hodler denken in Jahrzehnten, nicht in Monaten.

Gesündere Lebensweise → Wer langfristig plant, isst besser, trainiert und investiert in sich selbst.

Weniger Konsumzwang → Besitz verliert an Bedeutung, wenn man echte Unabhängigkeit anstrebt.

VOM LOHNSKLAVEN ZUM SOUVERÄNEN INVESTOR: WIE BITCOIN ARBEITS- UND LEBENSWEISEN VERÄNDERT

Die Fiat-Wirtschaft basiert auf einem einfachen Prinzip: **Halte die Menschen abhängig.**

→ Schaffe hohe Fixkosten durch Mieten und Steuern.

→ Fördere Konsumschulden, um das Hamsterrad am Laufen zu halten.

→ Mache Menschen abhängig von Banken und Arbeitgebern.

Bitcoin-Nutzer entziehen sich diesem System. **Wer Bitcoin spart, braucht keine Schulden. Wer keine Schulden hat, ist frei.** Plötzlich ist es möglich, sich aus der klassischen Karriereleiter zu befreien, eigenständig zu investieren und echte finanzielle Unabhängigkeit zu erreichen.

Viele Bitcoiner haben deshalb ihr Leben komplett verändert. Sie ziehen aufs Land, bauen ihre eigenen Netzwerke auf und verlassen sich nicht mehr auf staatliche Systeme. Sie erkennen, dass **ein freies Leben nicht in einem System der Abhängigkeit existieren kann.**

Wie Bitcoin den Staat als „Vormund" überflüssig macht

Der Staat hat sich über Jahrzehnte in unser Leben gedrängt. Er regelt nicht nur, welche Produkte wir kaufen dürfen, sondern auch, wie wir uns abzusichern haben. **Rentensysteme, Sozialversicherungen und Arbeitslosenhilfe wurden eingeführt, um Menschen von Geburt bis Tod abhängig zu machen.**

WARUM BITCOIN STAATLICHE RENTEN, SOZIALVERSICHERUNGEN UND ARBEITSLOSENHILFE ÜBERFLÜSSIG MACHT

Das staatliche Rentensystem ist ein Schneeballsystem. Die Beiträge, die du heute zahlst, gehen nicht auf dein Konto – sie werden direkt an heutige Rentner ausgezahlt. Und wenn immer weniger junge Menschen einzahlen, kollabiert das System.

Bitcoin macht dieses System überflüssig. Wer in Bitcoin spart, braucht keine staatliche Rente – sein Geld gewinnt mit der Zeit an Wert. Wer eine dezentrale Gemeinschaft aufbaut, braucht keine staatliche Sozialversicherung – er sichert sich über Netzwerke ab.

PRIVATE ABSICHERUNG DURCH BITCOIN STATT ZWANGSABGABEN

Warum sollte der Staat entscheiden, wie du dein Geld für die Zukunft sicherst? Warum sollte er dir vorschreiben, dass du in eine Sozialversicherung einzahlen musst, die du vielleicht nie nutzen wirst?

In einer Bitcoin-Welt können Menschen ihre eigene Absicherung wählen.

→ Sie können Bitcoin sparen und dadurch langfristig Wohlstand sichern.

→ Sie können mit Gleichgesinnten private Sicherungssysteme aufbauen.

→ Sie können selbst entscheiden, wie sie sich gegen Risiken absichern.

DIE MACHT DER FREIEN ENTSCHEIDUNG: WIESO MENSCHEN IN EINER BITCOIN-WELT WIEDER EIGENVERANTWORTLICH HANDELN

Der größte Wandel durch Bitcoin ist nicht nur finanzieller Natur – **er ist mental**.

→ Wer Bitcoin nutzt, entscheidet selbst über sein Geld.

→ Wer Bitcoin spart, plant für die Zukunft.

→ Wer Bitcoin besitzt, entzieht sich der Abhängigkeit vom Staat.

Die Fiat-Welt basiert auf Passivität. Bitcoin erfordert **Aktivität, Eigenverantwortung und Bildung.**

Bitcoin ist mehr als eine Währung – es ist ein neues Mindset.

Die Revolution der Märkte – 06
Ein echtes Free Banking

Seit Jahrhunderten kontrollieren Banken den Geldfluss der Welt. Sie entscheiden, wer ein Konto bekommt, welche Transaktionen erlaubt sind und wer Zugang zu Krediten erhält. Wer außerhalb dieses Systems steht, existiert wirtschaftlich kaum. Doch Bitcoin verändert dieses Machtgefüge grundlegend. Es entzieht Banken ihre zentrale Rolle und ermöglicht zum ersten Mal in der Geschichte ein **offenes, dezentrales** Finanzsystem, in dem jeder Mensch direkt an einem globalen Markt teilnehmen kann – ohne Genehmigung, ohne Mittelsmann, ohne Risiko, von einem Bankmanager „abgeschaltet" zu werden.

Banken sind institutionalisierte Kartelle, die den Geldfluss kontrollieren und manipulieren. Bitcoin beendet dieses Monopol.
SAIFEDEAN AMMOUS

Bitcoin ist der Schlüssel zu einer echten Free-Banking-Ökonomie, in der Märkte freier, effizienter und gerechter funktionieren. Keine staatlichen Rettungspakete, keine künstliche Geldschöpfung, keine Finanzinstitutionen, die sich auf Kosten der Allgemeinheit bereichern. Es ist der Moment, in dem Menschen endlich **finanzielle Souveränität** erlangen.

WARUM BANKEN NICHT MEHR ZEITGEMÄSS SIND

→ **Konten können eingefroren werden** – Banken entscheiden, wer Zugang zu seinem Geld hat.

→ **Kredite sind abhängig von Bankenbewertungen** – nicht von realen wirtschaftlichen Kriterien.

→ **Geld kann durch Inflation entwertet werden** – Sparer verlieren ständig Kaufkraft.

→ **Transaktionen sind teuer und langsam** – besonders international.

→ **Kapitalverkehrskontrollen verhindern freie Märkte** – der Staat entscheidet, wer Geld ins Ausland senden darf.

Bitcoin beendet diese Abhängigkeit. Kein Konto mehr nötig, keine Erlaubnis erforderlich. Jeder kann Teil eines freien Finanzsystems sein.

Warum Bitcoin das Bankwesen disruptiert

Das traditionelle Bankensystem basiert auf zentralisierter Kontrolle. Banken dienen nicht nur als Dienstleister, sondern als Gatekeeper, die bestimmen, wer am Finanzsystem teilnehmen darf. Wer keinen Zugang zu einem Bankkonto hat – sei es aus politischen, wirtschaftlichen oder sozialen Gründen –, ist praktisch vom globalen Handel ausgeschlossen. Dieses System hat sich historisch kaum verändert. Von den ersten venezianischen Bankhäusern bis zu modernen Großbanken ist das Grundprinzip dasselbe geblieben: Banken haben die Macht über Geldströme, während die Menschen gezwungen sind, sich nach ihren Regeln zu richten.

Bitcoin ist kein Angriff auf Banken – es macht sie einfach überflüssig.

ANDREAS ANTONOPOULOS

Bitcoin beendet diese Abhängigkeit. Zum ersten Mal in der Geschichte kann jeder Mensch Geld besitzen und transferieren, ohne eine Bank oder eine Erlaubnis zu benötigen. Ein einfacher QR-Code reicht, um Zahlungen in die ganze Welt zu senden. Die Kontrolle über das eigene Geld liegt wieder bei den Men-

Bitcoin ist nicht nur eine Währung. Es ist ein Bankensystem für Menschen, die keine Banken brauchen.

MAX KEISER

schen selbst – und nicht bei Institutionen, die sich ihre Monopolstellung durch Regulierung und enge Verflechtungen mit dem Staat sichern.

Während Banken daran arbeiten, ihre Pfründe durch neue Regularien und CBDCs (digitale Zentralbankwährungen) zu retten, wächst parallel dazu eine Bitcoin-Ökonomie, die den alten Strukturen schlicht die Existenzgrundlage entzieht.

Banken werden überflüssig – Finanzgeschäfte funktionieren Peer-to-Peer

Traditionell erfüllen Banken zwei Hauptfunktionen: Sie verwahren Geld und sie vergeben Kredite. Beide Aufgaben sind durch Bitcoin überholt.

Jeder Bitcoin-Nutzer kann sein Geld selbst verwahren, ohne einer dritten Partei vertrauen zu müssen. Hardware-Wallets und Multisignatur-Technologien machen es möglich, Bitcoin sicher zu speichern, ohne auf eine Bank angewiesen zu sein. Es gibt keine Willkür mehr, keine Kontosperrungen, keine Risiken durch Bankenpleiten. Wer Bitcoin besitzt, ist tatsächlich **seine eigene Bank**.

Auch das Kreditwesen wird durch Bitcoin neu definiert. Anstatt Banken als Vermittler zu nutzen, können sich Menschen über Peer-to-Peer-Plattformen direkt Geld leihen. Projekte wie **Firefish.io** zeigen, dass sich bereits dezentrale Kreditmärkte bilden, in denen Bitcoin als Sicherheit dient. Diese Form von **Free Banking** ermöglicht es, dass Kapital frei fließt, ohne dass sich Banken daran bereichern.

WARUM BANKEN KEINE RETTUNG VERDIENEN

In der Fiat-Welt gibt es den Mythos, dass Banken „systemrelevant" sind und deshalb gerettet werden müssen. In Wahrheit funktioniert das Bankensystem wie ein Schneeballsystem:

→ Banken verleihen Geld, das sie gar nicht haben (Fraktionalreserve-Banking).

→ Wenn sie sich verzocken, springt der Staat mit Rettungspaketen ein – finanziert durch Steuern und Inflation.

→ Die Allgemeinheit trägt das Risiko, während Banken immer wieder „zu groß zum Scheitern" sind.

Bitcoin macht diesen Mechanismus überflüssig. **Es gibt keine Rettungspakete, weil es keine Zentralbank gibt, die Geld erschaffen kann.** Wer schlecht wirtschaftet, verschwindet – und das ist gut so.

Der Bankensektor ist nicht auf einen Schlag verschwunden, aber er wird langsam irrelevant. Die Notwendigkeit, Konten zu führen oder Kredite zu vergeben, schrumpft mit jedem Menschen, der sich in die Bitcoin-Wirtschaft integriert.

Wie Bitcoin freie Märkte ermöglicht, die nie zuvor existierten

Bitcoin ist nicht einfach nur eine digitale Währung. Es ist die Basis für eine völlig neue Marktstruktur. Das zentrale Problem der heutigen Wirtschaft ist nicht etwa ein Mangel an Innovation oder Kapital, sondern die künstlichen Barrieren, die durch Regierungen, Banken und große Konzerne errichtet wurden.

In der Fiat-Welt gibt es zahlreiche Einschränkungen, die den freien Handel behindern: Währungsgrenzen, Kapitalverkehrskontrollen, hohe Transaktionsgebühren, komplizierte Bürokratie. Diese Strukturen sind dazu da, Macht zu erhalten, nicht Märkte zu fördern.

Bitcoin befreit Märkte von diesen Beschränkungen. Zum ersten Mal existiert eine **neutrale, globale Währung**, die von keiner Zentralbank manipuliert werden kann. Unternehmen und Privatpersonen können sich weltweit vernetzen, ohne auf

Banken oder Zahlungsdienstleister angewiesen zu sein. Menschen, die bisher vom Finanzsystem ausgeschlossen waren, erhalten plötzlich Zugang zu einer stabilen, fälschungssicheren Währung.

Ein weiterer entscheidender Faktor ist das **Lightning Network**, das Bitcoin-Transaktionen fast in Echtzeit und für minimale Gebühren ermöglicht. Dies eröffnet völlig neue Geschäftsmöglichkeiten, die im Fiat-System nicht wirtschaftlich wären. Mikropayments werden praktikabel, was völlig neue Märkte entstehen lässt – sei es für digitale Dienstleistungen, Gaming, Streaming oder grenzüberschreitenden Handel.

Finanzielle Souveränität für jeden – ohne Banken, ohne Genehmigungen

Das vielleicht wichtigste Versprechen von Bitcoin ist, dass es **jeden Menschen auf der Welt in das Finanzsystem integriert**. Während in der Fiat-Welt der Zugang zum Banking vom Wohnort, der Staatsbürgerschaft oder dem sozialen Status abhängt, ist Bitcoin für alle offen.

Ob ein Kleinunternehmer in El Salvador, ein IT-Entwickler in Nigeria oder eine Landwirtin in Indien – mit Bitcoin können sie wirtschaftlich aktiv werden, ohne von lokalen Banken oder Regierungsvorschriften blockiert zu werden. **Es gibt keine KYC-Pflichten, keine Diskriminierung, keine künstlichen Barrieren.**

In einer Bitcoin-Welt verschwinden auch die klassischen Fiat-Restriktionen. Kapitalverkehrskontrollen, mit denen Staaten versuchen, Geldflüsse zu kontrollieren, werden zunehmend bedeutungslos. Wer in Bitcoin Werte speichert, kann sein Vermögen weltweit bewegen, ohne dass es von Banken oder Behörden blockiert werden kann.

Darüber hinaus entstehen neue Geschäftsmodelle, die sich auf Bitcoin als Kerntechnologie stützen. Dezentrale autonome Organisationen (DAOs) könnten klassische Unternehmen ersetzen, indem sie ohne zentrale Führung operieren. Smart Contracts auf Bitcoin-Basis ermöglichen es, Finanzgeschäfte automatisiert und vertrauenslos abzuwickeln – ganz ohne Banken oder Anwälte.

Fazit: Die Zukunft ist banklos

Die Bankenwelt, wie wir sie heute kennen, ist ein Überbleibsel aus einer Zeit, in der Finanzstrukturen zentralisiert sein mussten. Heute ist das nicht mehr nötig. Bitcoin zeigt, dass **Geld dezentral, offen und sicher verwaltet werden kann – ohne Mittelsmänner.**

Die alte Ordnung hält sich nur noch, weil viele Menschen sich nicht bewusst sind, dass sie längst Alternativen haben. Doch mit jedem Tag wächst die Bitcoin-Wirtschaft, und mit ihr der Gedanke, dass **Banken keine Grundvoraussetzung für ein funktionierendes Finanzsystem sind.**

Bitcoin ist nicht einfach nur ein digitaler Vermögenswert. Es ist ein Werkzeug zur **Befreiung von Banken und staatlicher Kontrolle.** Und es ist bereits dabei, das alte System zu ersetzen – leise, aber unumkehrbar.

07 Regenerative Landwirtschaft und Bitcoin – Wohlstand und Ökologie neu denken

Landwirtschaft ist die Basis jeder Hochkultur. Ohne fruchtbare Böden, ohne funktionierende Ökosysteme gibt es weder Wohlstand noch langfristige gesellschaftliche Stabilität. Doch das aktuelle Agrarsystem, geprägt durch Subventionen, Fiat-Geld und zentralisierte Strukturen, ist eine tickende Zeitbombe. Immer mehr Land wird durch falsche Bewirtschaftung ausgelaugt, immer mehr Bauern geraten in eine Schuldenfalle, immer mehr Betriebe verschwinden – verdrängt durch industrialisierte Agrarkonzerne, die auf Masse statt Klasse setzen.

Wenn du die Böden zerstörst, zerstörst du die Grundlage der Zivilisation. Wenn du die Böden aufbaust, regenerierst du nicht nur die Natur, sondern auch die Wirtschaft.

ALLAN SAVORY

Das Problem ist nicht die Landwirtschaft selbst. Das Problem liegt im **Geldsystem**, das falsche Anreize setzt und langfristiges Denken unmöglich macht. Solange Landwirte im Fiat-System gefangen sind, werden sie gezwungen, kurzfristige Gewinne über nachhaltige Bewirtschaftung zu stellen. Doch mit Bitcoin eröffnet sich eine völlig neue Perspektive: **Ein Geld, das langfristig Wert speichert, statt ihn zu vernichten. Ein Geld, das Landwirten die Möglichkeit gibt, sich aus der Abhängigkeit von Banken, Subventionen und inflationären Währungen zu befreien.**

**INFLATION UND BODENDEGRADATION –
EIN VERSTECKTER ZUSAMMENHANG**

Inflation zwingt Landwirte zu kurzfristigem Denken. Wer jedes Jahr Kaufkraft verliert, muss maximalen Ertrag erwirtschaften.

Künstlich günstige Kredite treiben Expansion vor Qualität. Großbetriebe können sich verschulden, um billiger zu produzieren – auf Kosten der Böden.

Der „Wachstumszwang" lässt wenig Raum für regenerativen Ansatz. Wer nicht mitmacht, wird durch Kostenexplosion und Konkurrenz aus dem Markt gedrängt.

Bitcoin könnte diesen Kreislauf durchbrechen, weil es ein Geld ist, das nicht manipuliert wird. Wer langfristig plant, wird belohnt – nicht bestraft.

Warum Landwirtschaft in Fiat gefangen ist

Jahrzehntelang hat der Staat die Landwirtschaft reguliert, subventioniert und gesteuert. Was als Schutz der Landwirte begann, hat sich längst zu einem bürokratischen Monster entwickelt, das jede Innovation erstickt. Wer Landwirtschaft betreibt, arbeitet nicht in einem freien Markt – sondern in einem von oben diktierten System, in dem politisch festgelegte Zahlungen oft wichtiger sind als echte Wertschöpfung.

Die Subventionen sind dabei kein Geschenk, sondern eine **unsichtbare Fessel**. Landwirte müssen sich an enge Vorgaben halten, um Gelder zu erhalten. Sie werden gezwungen, bestimmte Anbaumethoden zu nutzen, auf bestimmten Flächen bestimmte Kulturen anzubauen oder Tiere unter bestimmten Bedingungen zu halten – nicht, weil es ökologisch oder ökonomisch sinnvoll ist, sondern weil es der aktuellen Agrarpolitik entspricht. Wer außerhalb dieser Vorgaben arbeitet, hat es schwer. Ein regenerativer Landwirt, der seine Böden aufbaut und ohne Bodenbearbeitung und ohne chemische Inputs wirtschaftet, bekommt kaum Unterstützung, während Großbetriebe, die auf Monokulturen setzen, Millionen an Fördergeldern einstreichen.

Neben den direkten Subventionen gibt es noch eine weitere, perfide Form der Verzerrung: **die Inflation.**

Jede Fiat-Währung verliert über die Jahre an Wert. Das bedeutet für Landwirte, dass sie nicht einfach sparen können – ihr Geld verliert ständig Kaufkraft. Also müssen sie investieren, expandieren, sich verschulden. Banken verleihen ihnen Geld zu niedrigen Zinsen, das sie nur durch ständiges Wachstum zurückzahlen können. Die Folge ist eine Landwirtschaft, die nicht mehr nachhaltig ist, sondern von Krediten und kurzfristigen Erträgen lebt.

Inflation zerstört nicht nur die Kaufkraft, sondern auch die Böden. Denn wer Jahr für Jahr gezwungen ist, den maximalen Ertrag aus seinen Flächen zu pressen, der kann nicht langfristig denken.

Wie große Agrarkonzerne von staatlicher Regulierung profitieren

Die größten Gewinner dieses Systems sind nicht die Landwirte, sondern die Agrarkonzerne. Während kleine und mittlere Betriebe mit Bürokratie, steigenden Kosten und Preisdruck kämpfen, wachsen die großen Player ungehindert weiter. Subventionen fließen bevorzugt an industrielle Großbetriebe, die effizient mit den Vorschriften arbeiten können, während Familienbetriebe unter immer neuen Regularien leiden.

Zudem profitieren große Agrarkonzerne von der strukturellen Abhängigkeit der Landwirte. Saatgut, Dünger, Pestizide – all das wird von wenigen globalen Unternehmen kontrolliert, die ihre Produkte direkt an die Subventionslogik an-

Das Problem ist nicht, dass Landwirte schlecht wirtschaften. Das Problem ist, dass das Geldsystem falsche Anreize setzt.

passen. Wer in diesem System mitspielt, wird be-lohnt. Wer versucht, sich ihm zu entziehen, steht schnell vor dem finanziellen Aus.

Das Fiat-System hat eine Agrarwirtschaft ge-schaffen, in der Landwirte nicht mehr die Herrscher über ihre eigenen Höfe sind. Sie sind abhängig von staatlichen Zahlungen, abhängig von Banken, ab-hängig von Konzernen. Doch was passiert, wenn sie diese Abhängigkeiten durchbrechen?

Eine **Bitcoin-Ökonomie** würde Landwirtschaft wieder in einen echten freien Markt bringen, in dem nachhaltige Methoden belohnt werden, weil sie **echten Wert schaffen** – nicht, weil sie ins Sub-ventionsschema passen.

DIE ILLUSION DER AGRARSUBVENTIONEN

Staatliche Agrarsubventionen werden oft als Schutz für Landwirte verkauft. Doch in Wahrheit führen sie zu:

→ **Künstlich niedrigen Preisen** – die Bauern zwingen, immer mehr zu produzieren.

→ **Abhängigkeit von Bürokraten** – Landwirte müssen sich staatlichen Vorgaben beugen.

→ **Bevorzugung von Monokulturen** – regenerative Landwirtschaft bekommt oft keine Unterstützung.

→ **Vorteile für Großkonzerne** – die sich perfekt an die Subventionslogik anpassen können.

Bitcoin als Alternative für Landwirte

Bitcoin stellt dieses ganze System infrage. Es gibt Landwirten die Möglichkeit, ein Geld zu nutzen, das nicht von Zentralbanken manipuliert wird. Ein Geld, das sich nicht entwertet. Ein Geld, das sie selbst kontrollieren.

Ein Landwirt, der in Bitcoin spart, muss nicht mehr jedes Jahr expandieren, um gegen die Inflation anzukämpfen. Er kann langfristig planen, ohne Angst zu haben, dass sein Erspartes durch Gelddrucken entwertet wird. Er kann seine Erträge in einer Währung speichern, die unabhängig von Subventionszyklen ist.

Doch Bitcoin ist nicht nur ein Wertspeicher – es kann auch eine völlig neue Form der Finanzierung ermöglichen. Statt von Banken oder staatlichen Förderprogrammen abhängig zu sein, könnten Landwirte sich direkt über die **Bitcoin-Community finanzieren.** Menschen, die an nachhaltiger Landwirtschaft interessiert sind, könnten direkt in regenerative Betriebe investieren, ohne dass eine Bank als Vermittler dazwischensteht.

Das Konzept eines **Bitcoin Bodenfruchtbarkeits Investmentfonds** könnte eine solche Möglichkeit bieten. Dieser Fonds existiert noch nicht – aber er zeigt, wie ein Bitcoin-basiertes Finanzierungsmodell für nachhaltige Landwirtschaft aussehen könnte. Anstatt auf Subventionen zu warten, könnten regenerative Landwirte direkt durch dezentrale Bitcoin-Fonds finanziert werden. Die Geldgeber wären Menschen, die an echter Bodenfruchtbarkeit und nachhaltiger Landwirtschaft interessiert sind – nicht Bürokraten, die nach politischen Vorgaben entscheiden.

Warum Bitcoin spekulative Märkte und Manipulation beendet

Einer der größten Nachteile des Fiat-Systems ist, dass landwirtschaftliche Produkte oft nicht mehr nach realem Wert gehandelt werden, sondern nach spekulativen Erwartungen. Finanzmärkte wetten auf Weizenpreise, Großkonzerne manipulieren den Handel, Zentralbanken sorgen mit ihrer Geldpolitik für künstliche Preisschwankungen.

Bitcoin bringt eine neue Form der Preistransparenz. Es ist nicht an einen zentral gesteuerten Markt gebunden, sondern folgt nur dem Angebot und der Nachfrage. Damit bietet es Landwirten eine Möglichkeit, ihre Produktion unabhängig von politischen oder finanziellen Spekulationen zu bewerten.

In einer Bitcoin-Welt könnte ein regenerativer Landwirt seinen Ertrag direkt in einer **harten Währung** sichern, ohne dass sein Vermögen durch Finanzspekulation oder inflationäre Geldpolitik entwertet wird. Er könnte seine Produkte direkt an Konsumenten verkaufen, ohne auf globale Preissysteme angewiesen zu sein.

Fazit: Die Zukunft der Landwirtschaft beginnt beim Geld

Die Probleme der modernen Landwirtschaft sind keine natürlichen Entwicklungen – sie sind die direkte Folge eines Geldsystems, das Landwirte in ein wachstumsgetriebenes, schuldenbasiertes Modell zwingt. Subventionen, Inflation und staatliche Eingriffe haben eine künstliche Abhängigkeit geschaffen, die regenerative Methoden systematisch benachteiligt.

Bitcoin bietet einen Ausweg. Es ermöglicht Landwirten, langfristig zu denken, sich von Schulden und Fiat-Abhängigkeiten zu lösen und sich direkt mit einer Community zu verbinden, die an echter, nachhaltiger Landwirtschaft interessiert ist.

Die Revolution beginnt beim Geld. Wer die Landwirtschaft wirklich regenerieren will, muss zuerst das Finanzsystem regenerieren. Und Bitcoin ist das Werkzeug, mit dem das möglich wird.

Bildung und Kultur im Bitcoin-Zeitalter

Bildung ist die Grundlage jeder Hochkultur. Doch in unserer heutigen Welt ist sie nicht darauf ausgelegt, Menschen zu befähigen – sie ist darauf ausgelegt, sie zu formen. Staatliche Bildungssysteme haben sich über Jahrzehnte in massive, träge Bürokratien verwandelt, die weniger

Der Staat will keine klugen Bürger – er will gehorsame Steuerzahler.
H.L. MENCKEN

an echter Wissensvermittlung interessiert sind als an der Reproduktion von Konformität. Schüler und Studenten werden nicht zu freien Denkern ausgebildet, sondern zu Rädchen im System – gehorsame Arbeiter, die wissen, wie man Multiple-Choice-Fragen beantwortet, aber nie gelernt haben, wirklich zu hinterfragen.

Bitcoin verändert auch dieses System. Wenn Geld nicht mehr zentral kontrolliert wird, sondern dezentral existiert, dann gilt das bald auch für Wissen, Kreativität und Kultur. Das Bitcoin-Zeitalter könnte das Ende der staatlichen Bildungsmonopole bedeuten – und den Beginn einer Ära des freien Lernens, in der sich jeder selbst Wissen aneignen kann, ohne sich verschulden oder ideologische Filter durchlaufen zu müssen.

Warum staatliche Bildung Mittelmaß produziert

Das moderne Bildungssystem ist kein Produkt des freien Marktes, sondern eine staatliche Institution. Wer das Geld kontrolliert, kontrolliert auch das Wissen – und genau deshalb sind Schulen und Universitäten weltweit an staatliche Vorgaben gebunden. Lehrpläne werden nicht nach Qualität oder Innovation gestaltet, sondern nach politischer Opportunität. Neue Denkrichtungen oder alternative Wirtschaftstheorien haben es schwer, in den akademischen Mainstream zu gelangen, weil sie oft nicht mit den Interessen der Geldgeber übereinstimmen.

Die meisten Schulen setzen auf standardisierte Lehrmethoden, die Kreativität und kritisches Denken systematisch unterdrücken. Schüler werden darauf trainiert, Wissen auswendig zu lernen, Prüfungen zu bestehen und sich möglichst gut in ein bestehendes System einzufügen. Doch was passiert, wenn dieses System nicht mehr funktioniert?

WARUM STAATLICHE BILDUNG KEIN INTERESSE AN FREIEM DENKEN HAT

→ **Ein kluger Bürger ist schwerer zu kontrollieren.** Je unabhängiger Menschen denken, desto weniger sind sie bereit, blind Befehle zu befolgen.

→ **Das Schulsystem belohnt Gehorsam, nicht Eigeninitiative.** Wer die Regeln hinterfragt, wird als „schwierig" angesehen.

→ **Alternative Wirtschaftstheorien, wie die Österreichische Schule, werden bewusst ignoriert.** Bitcoin ist das beste Beispiel: Viele Universitäten lehren kaum etwas über dezentrales Geld.

Ein weiterer Faktor, der Bildung im Fiat-System zu einem dysfunktionalen Konstrukt macht, ist die **Rolle der Schulden**.

Die Rolle von Fiat-Schulden in der akademischen Welt

Höhere Bildung ist in vielen Ländern längst kein Mittel zur persönlichen Weiterentwicklung mehr, sondern eine Ware, die zu überhöhten Preisen verkauft wird. Studiengebühren steigen, Abschlüsse verlieren an Wert, und Millionen von jungen Menschen beginnen ihr Erwachsenenleben mit massiven Schulden.

Das Fiat-Geldsystem ist der Treiber dieser Entwicklung. Staaten und Banken drucken immer mehr Geld, Universitäten erhöhen ihre Gebühren, während die Qualität der Lehre oft stagniert. Das Ergebnis? Eine Generation, die in einem riesigen Schuldensystem gefangen ist, bevor sie überhaupt richtig ins Berufsleben startet.

Die Bildungsschuldenkrise ist kein Zufall – sie ist ein Feature des Fiat-Systems, um junge Menschen von Beginn an abhängig zu machen.

SAIFEDEAN AMMOUS

Bitcoin könnte diesen Kreislauf durchbrechen. Wer Bitcoin spart, braucht keine Studienkredite. Wer Bitcoin als Wertspeicher nutzt, kann sich sein eigenes Bildungssystem finanzieren – abseits von staatlichen Vorgaben. Die digitale Wissenslandschaft wächst täglich, und mit ihr die Möglichkeiten, sich unabhängig zu bilden.

Dezentralisierte Bildungssysteme durch Bitcoin

Das Internet hat Wissen bereits weitgehend demokratisiert. Jeder kann sich über YouTube, Podcasts oder Online-Kurse weiterbilden. Doch das aktuelle Modell basiert immer noch auf zentralisierten Plattformen, die von Unternehmen oder Staaten kontrolliert werden.

Bitcoin ermöglicht eine neue Form der Wissensvermittlung: dezentral, frei und ohne Genehmigungen.

Mit Mikropayments durch das **Lightning Network** könnten Lehrer, Mentoren und Experten di-

---

WIE BITCOIN EINE NEUE BILDUNGSÖKONOMIE ERMÖGLICHT

→ **Lernen ohne Genehmigung:** Jeder kann Wissen verbreiten oder erwerben – ohne staatliche Lizenzierung.

→ **Mikropayments für Wissenstransfer:** Statt teurer Studiengebühren könnten Lernende exakt für das zahlen, was sie brauchen.

→ **Blockchain-basierte Diplome und Zertifikate:** Bildungsnachweise könnten fälschungssicher und unabhängig von Institutionen ausgestellt werden.

---

rekt von ihren Schülern bezahlt werden – ohne Zwischenhändler, ohne teure Institutionen, die den Großteil der Gebühren einbehalten.

Wenn Bildung nicht mehr durch staatliche Strukturen gelenkt wird, sondern durch den freien Markt gesteuert ist, dann zählt nicht mehr das Prestige einer Universität, sondern die **tatsächlichen Fähigkeiten** eines Menschen.

Kulturelle Renaissance: Kunst, Kreativität und Medien in einer Bitcoin-Welt

Nicht nur Bildung, auch Kunst und Kultur sind durch das Fiat-System verzerrt worden. In der heutigen Welt wird Kultur nicht allein durch Nachfrage bestimmt, sondern oft durch staatliche Subventionen. Der Staat entscheidet, welche Kunst gefördert wird, welche Filme finanzielle Unterstützung erhalten und welche Künstler Karriere machen.

Bitcoin gibt Künstlern die Möglichkeit, direkt mit ihrem Publikum zu interagieren – ohne Labels, ohne Plattformen, ohne Zensur.

MAX KEISER

Das Ergebnis? Eine Kulturindustrie, die sich immer stärker an politische Agenden anpasst, statt an künstlerische Freiheit.

WARUM FIAT-GELD DIE KULTUR MANIPULIERT

→ Kunst wird durch Subventionen gelenkt, nicht durch Marktmechanismen.

→ Staatlich finanzierte Medien setzen oft auf Narrative, die dem System nicht schaden.

→ Unabhängige Künstler haben es schwer, sich gegen geförderte Projekte durchzusetzen.

Bitcoin verändert auch hier die Spielregeln. Wenn Künstler und Kreative direkt von ihrem Publikum finanziert werden, sind sie nicht mehr auf staatliche Unterstützung angewiesen. Musiker können Songs veröffentlichen und direkte Bitcoin-Zahlungen von ihren Fans erhalten. Journalisten können über Lightning-Zahlungen pro Artikel finanziert werden, ohne sich an Werbepartner oder große Verlagshäuser binden zu müssen.

Das neue goldene Zeitalter für freie Medien

Neben der Kunst könnte Bitcoin auch die Medienlandschaft grundlegend verändern. Heute werden die meisten Nachrichten entweder durch Werbung oder durch staatliche Finanzierung gesteuert. Das führt dazu, dass viele Medienhäuser nur noch das berichten, was ihre Geldgeber hören wollen.

In einer Bitcoin-Welt könnten unabhängige Journalisten direkt von ihren Lesern bezahlt werden – etwa durch **Mikropayments für Artikel, Podcast-Folgen oder investigative Recherchen**. Keine Abhängigkeit von großen Konzernen, keine Angst vor finanzieller Zensur.

Die Zukunft der Bildung und Kultur wird nicht mehr von oben gesteuert – sondern von denen, die bereit sind, für echtes Wissen und echte Kunst zu zahlen.

Fazit: Wissen und Kreativität ohne Grenzen

→ Bildung wird dezentral, individuell und frei. Menschen lernen, was sie interessiert – nicht, was Lehrpläne vorschreiben.

→ Künstler und Kreative können direkt von ihrem Publikum finanziert werden.

→ Die Medienlandschaft wird unabhängiger, weil Journalisten nicht mehr auf Werbung oder staatliche Gelder angewiesen sind.

Bitcoin ist nicht nur eine finanzielle, sondern eine kulturelle Revolution. Es befreit den Menschen von zentralisierter Kontrolle – in Bildung, Kunst und Wissen. **Der Weg in die neue Hochkultur beginnt mit freiem Denken.**

Zusammenfassung von Teil 2: Eine Hochkultur durch Bitcoin

Die Fiat-Welt hat unsere Wirtschaft, unsere Kultur und unser Denken verzerrt. Märkte werden nicht mehr durch freien Wettbewerb bestimmt, sondern durch staatliche Eingriffe, Subventionen und zentralisierte Finanzstrukturen. Banken kontrollieren den Zugang zu Kapital, Konzerne profitieren von Regulierungen, während Landwirte, Künstler und Bildungsinstitutionen in einem System gefangen sind, das sie abhängig und kurzsichtig macht.

Bitcoin durchbricht dieses Muster. Zum ersten Mal in der Geschichte gibt es ein Geld, das nicht von Regierungen manipuliert werden kann. Ein Geld, das auf freiwilligem Austausch basiert, nicht auf künstlicher Geldschöpfung. Ein Geld, das nicht nur Finanztransaktionen verändert, sondern das gesamte Fundament der Gesellschaft.

In einer Bitcoin-Welt verschwinden die Verzerrungen des Fiat-Systems:

→ **Märkte werden wieder echt.** Es gibt keine Bailouts, keine willkürlichen Zinssätze, keine künstlichen Monopole. Wer wirtschaftet, muss echten Wert liefern.

→ **Menschen übernehmen Verantwortung für ihr eigenes Leben.** Ohne Inflation und Subventionen wird langfristiges Denken belohnt. Wer Bitcoin spart, kann unabhängig bleiben, statt sich durch Kredite oder staatliche Almosen in Abhängigkeiten zu begeben.

→ **Landwirtschaft, Bildung und Kunst erleben eine Renaissance.** Landwirte können nachhaltig wirtschaften, weil sie nicht mehr gegen Inflation ankämpfen müssen. Lernen wird dezentral und individuell, weil Wissen nicht mehr an staatliche Zertifikate gebunden ist. Künstler und Journalisten können unabhängig arbeiten, weil sie sich nicht mehr über Werbepartner oder Subventionen finanzieren müssen.

Die größte Veränderung ist jedoch nicht finanzieller oder wirtschaftlicher Natur – sie ist kulturell. **Bitcoin ermöglicht eine freie Gesellschaft, in der sich Menschen auf Basis freiwilliger Interaktion organisieren.** Keine Zentralbank, kein Staat, kein Unternehmen kann mehr erzwingen, wie Menschen ihr Leben gestalten.

Die Hochkultur der Zukunft ist dezentral, eigenverantwortlich und frei. Und Bitcoin ist der Schlüssel dazu.

Teil 3

Praktische Umsetzung – Schritte in die Bitcoin-Hochkultur

09 Integration von Bitcoin in den Alltag – Finanzielle Selbstbestimmung

Bitcoin ist mehr als eine Theorie, mehr als eine gute Idee. Es ist ein Werkzeug, das jeder nutzen kann – und nutzen sollte. Doch während viele Menschen über Bitcoin sprechen, es analysieren und seine Bedeutung diskutieren, haben die wenigsten wirklich den Schritt gemacht, es aktiv in ihren Alltag zu integrieren.

Finanzielle Freiheit beginnt nicht mit Wissen, sondern mit Handeln.
ANDREAS ANTONOPOULOS

Warum ist das so? Weil wir in einem Fiat-System aufgewachsen sind. Unser Geld war immer ein abstraktes Konstrukt, ein Zahlensystem, das wir Banken oder Staaten überlassen haben. Doch Bitcoin ändert die Regeln – und mit ihm müssen sich auch unsere Gewohnheiten ändern. Wer Bitcoin wirklich versteht, besitzt ihn nicht nur, sondern nutzt ihn auch. Wer Bitcoin nutzt, versteht plötzlich, was finanzielle Souveränität bedeutet.

Warum es entscheidend ist, Bitcoin zu besitzen und zu nutzen

Viele Menschen sind von Bitcoin überzeugt, aber besitzen keine Sats. Sie erkennen zwar das Problem des Fiat-Systems, haben aber nie den Schritt gewagt, selbst Bitcoin zu kaufen und zu halten. Doch ohne Praxis bleibt das Wissen theoretisch – und Bitcoin kann seine volle Kraft nur entfalten, wenn er tatsächlich genutzt wird.

Bitcoin ist eine Exit-Strategie aus dem Fiat-System – aber nur für diejenigen, die ihn auch tatsächlich verwenden.

→ Wer Bitcoin nur **beobachtet**, bleibt im Fiat-Denken stecken.

→ Wer Bitcoin nur **speichert**, hat eine Absicherung gegen Inflation, aber noch keine finanzielle Autonomie.

→ Wer Bitcoin **aktiv nutzt**, erlebt, was es bedeutet, Geld ohne Mittelsmänner zu verwenden, und wird Teil einer wachsenden Parallelwirtschaft.

Der Schlüssel zur Bitcoin-Hochkultur liegt nicht nur im Sparen, sondern auch in der Nutzung. Das bedeutet: **Kaufen, halten, verwenden – und damit das Fiat-System bewusst umgehen.**

**VOM THEORETIKER ZUM PRAKTIKER –
DEIN BITCOIN-MINDSET**

HODL   Bitcoin langfristig halten, um dem
Fiat-System zu entkommen.

SPEND Mit Bitcoin bezahlen, um die Adoption
zu fördern.

EARN   Bitcoin verdienen, um den Kreislauf zu schließen.

Die wahre Revolution beginnt, wenn Menschen nicht nur sparen, sondern auch wirtschaften, handeln und arbeiten – in einem System, das ohne Banken oder Staaten funktioniert.

Wie man Bitcoin sicher erwirbt, speichert und verwendet

Wer den ersten Schritt macht, stellt schnell fest: Bitcoin ist nicht kompliziert – aber es erfordert ein neues Verständnis von Geld. Während wir im Fiat-System gewohnt sind, dass Banken unser Geld „aufbewahren", gibt es in der Bitcoin-Welt keinen Mittelsmann, der für unsere Sicherheit sorgt. Das bedeutet: **Jeder ist für sein eigenes Geld verantwortlich.**

Das erste Prinzip lautet daher: **Not your keys, not your coins.**

Wer Bitcoin auf einer zentralisierten Plattform wie einer Börse hält, besitzt sie nicht wirklich. Denn dort kann dein Konto gesperrt, deine Bitcoin eingefroren oder deine Guthaben durch Hacks gestohlen werden. **Echte Selbstbestimmung bedeutet Selbstverwahrung.**

HOT WALLETS VS. COLD STORAGE: WELCHE LÖSUNG FÜR WELCHEN ZWECK?

Die sicherste Art, Bitcoin zu speichern, hängt vom Zweck ab.

→ **Hot Wallets** sind digitale Geldbörsen auf Smartphones oder Computern, die ständig mit dem Internet verbunden sind. Sie eignen sich für den täglichen Gebrauch, zum Beispiel für Zahlungen über das Lightning Network.

→ **Cold Storage** bezeichnet Methoden, bei denen Bitcoin offline gespeichert werden, etwa auf Hardware-Wallets oder sogar auf Papier. Diese Methode ist sicherer für langfristiges Halten.

Bitcoin verlangt von uns, Verantwortung zu übernehmen. Doch wer diese Verantwortung annimmt, gewinnt etwas, das es im Fiat-System nicht gibt: **absolute Kontrolle über sein eigenes Geld**.

**SELBSTVERWAHRUNG – DIE GOLDENE REGEL
DER FINANZIELLEN SOUVERÄNITÄT**

→ **Hardware-Wallets** (z. B. Bitbox, Ledger, Trezor) bieten höchste Sicherheit.

→ **Multisignature-Wallets** ermöglichen noch besseren Schutz durch verteilte Signaturen.

→ **Brain Wallets** sind für Experten: Private Keys können als Code im Kopf gespeichert werden.

Bitcoin als Zahlungsmittel – Von der Theorie zur Praxis

Bitcoin ist nicht nur ein Wertspeicher – es ist echtes Geld. Die große Frage ist: **Wo kann man damit bezahlen?**

Die Akzeptanz wächst rasant. Restaurants, Hotels, Online-Shops, Freelancer – immer mehr Anbieter setzen auf Bitcoin, weil sie sich damit von Banken und Zahlungsanbietern unabhängig machen können. Plattformen wie **btcmap.org** zeigen, welche Unternehmen bereits Bitcoin akzeptieren.

Besonders das **Lightning Network** hat Bitcoin als Zahlungsmittel revolutioniert. Während On-Chain-Transaktionen sicher, aber vergleichsweise langsam sind, ermöglicht Lightning sekundenschnelle Zahlungen mit extrem niedrigen Gebühren. Damit wird Bitcoin praktisch für den Alltag.

**BITCOIN ALS ZAHLUNGSMITTEL –
WER NIMMT SCHON SATS?**

→ **Online-Shops** wie Bitrefill oder ShopinBit ermöglichen den Einkauf mit Bitcoin.

→ **Reisen mit Bitcoin?** In El Salvador, Lugano oder Bitcoin Beach ist das bereits Alltag.

→ **Freelancer und digitale Nomaden** können ihr Gehalt in Bitcoin empfangen und global ausgeben.

Doch es geht nicht nur darum, **mit Bitcoin zu bezahlen** – es geht auch darum, **Bitcoin zu verdienen**.

Eigene Angebote mit Bitcoin abrechnen – Vorteile für Unternehmer und Selbstständige

Wer heute ein Geschäft betreibt, ist in der Fiat-Welt oft gefangen. Kreditkartengebühren, Banktransaktionskosten, Zahlungssperren – der gesamte Zahlungsverkehr ist darauf ausgelegt, dass Dritte mitverdienen.

Mit Bitcoin können Unternehmer direkt Zahlungen empfangen – ohne Banken, ohne Zahlungsanbieter, ohne Wartezeiten. Besonders **kleine Unternehmen, Freelancer und Selbstständige** profitieren davon:

→ **Geringere Transaktionskosten:** Keine Kreditkartengebühren, keine Bankkosten.

→ **Schnelle, grenzüberschreitende Zahlungen:** Ein Webdesigner in Europa kann innerhalb von Sekunden Bitcoin von einem Kunden in Südamerika erhalten.

→ **Schutz vor Inflation:** Wer in Bitcoin abrechnet, entzieht sich der Entwertung des Fiat-Geldes.

Zudem gibt es immer mehr Möglichkeiten, Bitcoin direkt in den Geschäftsalltag zu integrieren:

→ **Coinsnap** ermöglicht die einfache Integration von Bitcoin-Zahlungen in Online-Shops.

→ **Opago** bietet innovative Tools für Händler, die Lightning-Zahlungen nutzen möchten.

Die Zukunft gehört denen, die Bitcoin nicht nur halten, sondern es auch aktiv in ihre Geschäftsmodelle einbauen. Wer früh beginnt, ist Teil der neuen Wirtschaftsordnung, die sich gerade weltweit aufbaut.

**WARUM UNTERNEHMER BITCOIN
AKZEPTIEREN SOLLTEN**

Keine Mittelsmänner
→ Kein Zahlungsanbieter verdient mit.
Keine Chargebacks
→ Keine Rückbuchungen oder Betrug.
Keine Wartezeiten
→ Transaktionen sind in Sekunden bestätigt.
Keine Abhängigkeit von Banken
→ Maximale finanzielle Freiheit.

Fazit: Der Schritt zur finanziellen Souveränität beginnt mit Bitcoin

→ Bitcoin zu besitzen bedeutet finanzielle Unabhängigkeit – aber nur, wenn man es sicher speichert.

→ Bitcoin zu nutzen bedeutet, sich aus dem Fiat-System zu lösen – und echte Freiheit zu erleben.

→ Bitcoin zu verdienen bedeutet, Teil der neuen Bitcoin-Ökonomie zu werden – und eine Hochkultur der Eigenverantwortung zu erschaffen.

Die wahre Revolution liegt nicht nur im HODLn – sie liegt im Handeln.

10 Gemeinschaften und Netzwerke aufbauen – Die Macht der Parallelstrukturen

Bitcoin ist mehr als ein Finanzsystem. Es ist der erste echte Schritt in Richtung einer freien, dezentralen Gesellschaft. Doch finanzielle Freiheit allein reicht nicht aus. Um wirklich unabhängig zu sein, braucht es **Netzwerke aus Gleichgesinnten**, die sich gegenseitig unterstützen und eine Parallelökonomie aufbauen.

Eine neue Gesellschaft entsteht nicht durch Reformen des alten Systems, sondern durch den Aufbau funktionierender Alternativen.

VÁCLAV HAVEL

Die größten Umbrüche in der Geschichte fanden selten durch politische Entscheidungen statt. Sie wurden von Menschen geschaffen, die sich zusammenschlossen, um ihr eigenes Ding zu machen. Kaufmannsgilden im Mittelalter, Widerstandsnetzwerke in totalitären Regimen oder digitale Nomaden der Gegenwart – all diese Gruppen entwickelten eigene Strukturen, die sie unabhängiger von den vorherrschenden Systemen machten. Bitcoin ermöglicht genau das auf einer neuen, globalen Ebene: **finanzielle, wirtschaftliche und soziale Netzwerke, die unabhängig von Staaten, Banken und Bürokratien agieren.**

Warum dezentrale Netzwerke der Schlüssel zur Freiheit sind

Zentralisierte Systeme sind fragil. Sie funktionieren nur, solange alle Zahnräder perfekt aufeinander abgestimmt sind. Fällt ein Glied der Kette aus, kann das ganze System zusammenbrechen. Eine Bank, die insolvent geht, kann Millionen von Menschen in finanzielle Schwierigkeiten bringen. Eine staatliche Regulierung kann Unternehmen zerstören. Plattformen wie PayPal oder Patreon haben bereits mehrfach gezeigt, dass sie Konten einfrieren und Menschen von finanziellen Strömen abschneiden können, wenn ihre Meinung nicht ins System passt.

Bitcoin funktioniert anders. Es ist ein dezentrales Netzwerk, in dem es keinen zentralen Kontrollpunkt gibt. Kein Staat kann Bitcoin „abschalten", keine Bank kann es blockieren, keine Institution kann es manipulieren. Diese **Resilienz** kann auch auf andere Bereiche übertragen werden: Wenn Menschen sich in dezentralen Gemeinschaften organisieren, die nicht von der Gnade einer Regierung oder eines Konzerns abhängen, entsteht eine völlig neue Art von wirtschaftlicher und sozialer Stabilität.

Doch eine solche Parallelgesellschaft baut sich nicht von selbst. Sie erfordert, dass Menschen zusammenkommen, sich vernetzen und aktiv eigene Strukturen aufbauen – jenseits des Fiat-Systems.

Von Online-Diskussionen zur realen Wirtschaft

Viele Bitcoin-Enthusiasten verbringen viel Zeit in Foren und Social-Media-Diskussionen über die Zukunft der Finanzwelt. Doch wahre Veränderung entsteht nicht in Kommentarspalten, sondern in der Realität. **Eine funktionierende Bitcoin-Parallelgesellschaft beginnt mit echten Menschen, echten Geschäften und echten Wirtschaftsstrukturen.**

Meetups und Konferenzen spielen dabei eine entscheidende Rolle. Sie bringen Menschen zusammen, die nicht nur über Bitcoin reden, sondern es auch aktiv nutzen. Lokale Bitcoin-Stammtische und Community-Events sind der erste Schritt, um Gleichgesinnte zu finden, Wissen auszutauschen und praktische Ideen zu entwickeln. Wer sich mit anderen Bitcoinern verbindet, merkt schnell: Es gibt bereits eine funktionierende Wirtschaft außerhalb des Fiat-Systems – man muss sich nur trauen, ein Teil davon zu werden.

Eine noch tiefgreifendere Entwicklung sind Experimente mit **autonomen Gemeinschaften**, die Bitcoin als Basis für ihre wirtschaftlichen und sozialen Strukturen nutzen. Solche Projekte beginnen oft klein – mit einem Café, das Bitcoin akzeptiert, einem lokalen Marktplatz, auf dem nur mit Sats bezahlt wird, oder einer Stadt, die steuerliche Vorteile für Bitcoin-Unternehmen bietet. Doch aus diesen kleinen Experimenten kann Großes entstehen.

> *Wer sich nur in Online-Diskussionen über Freiheit auslässt, wird nie frei sein. Wirkliche Freiheit entsteht durch Handeln – durch Netzwerke, die uns unabhängig machen.*
>
> **ANONYMUS BITCOINER**

WARUM ECHTE NETZWERKE WICHTIGER SIND ALS BLOSSE ONLINE-DISKUSSIONEN

→ Praktische Lösungen entstehen in der echten Welt, nicht in Kommentarspalten.

→ Wirtschaftliche Netzwerke ermöglichen echte Unabhängigkeit – Foren tun das nicht.

→ Dezentrale Strukturen basieren auf Vertrauen, und das baut sich offline auf.

Liberthon: Ein Hackathon für die freie Gesellschaft

Ein spannendes Konzept für die Zukunft ist der **Liberthon**, ein Hackathon, der sich nicht nur auf Technik konzentriert, sondern auf den Aufbau echter, freier Strukturen. Es geht nicht darum, eine neue App zu entwickeln, sondern um eine fundamentale Frage: **Wie kann eine Gesellschaft auf Basis von Bitcoin funktionieren – ohne Staat, ohne Fiat, ohne zentrale Kontrolle?**

Der Liberthon bringt Unternehmer, Entwickler, Theoretiker und Praktiker zusammen, um z.B. Ideen für freie Privatstädte, dezentrale Finanzsysteme und Bitcoin-basierte Geschäftsmodelle zu erarbeiten. Das Konzept ist noch in der Entwicklung, doch es zeigt, wohin die Reise gehen könnte: **weg von der bloßen Theorie, hin zur praktischen Umsetzung einer echten anarchokapitalistischen Hochkultur.**

Parallelgesellschaften entstehen nicht durch große politische Entscheidungen, sondern durch kleine, funktionierende Lösungen, die Menschen im Alltag nutzen können. Der Liberthon ist nur ein Beispiel dafür, wie Bitcoin-Communitys aktiv werden können, um die Zukunft selbst in die Hand zu nehmen.

Von der Vision zur Realität: Bitcoin-Städte und Parallelgesellschaften

Die Idee einer unabhängigen Stadt, die sich nicht auf Fiat-Geld verlässt, mag futuristisch klingen – doch sie ist näher an der Realität, als viele denken. In Ländern wie Honduras entstehen **Sonderwirtschaftszonen**, in denen alternative Währungen und Rechtssysteme erprobt werden. Projekte wie **Bitcoin Beach in El Salvador** haben bereits gezeigt, dass es möglich ist, eine lokale Ökonomie zu betreiben, die sich komplett auf Bitcoin stützt.

Die Zukunft gehört nicht den Politikern, sondern den Netzwerken. Und Bitcoin ist das stärkste Netzwerk, das je geschaffen wurde.

MAX KEISER

Der nächste Schritt ist, diese Konzepte weiterzuentwickeln: Städte, in denen Bitcoin die Hauptwährung ist, in denen Menschen nicht mehr von staatlichen Institutionen abhängig sind und in denen dezentrale Strukturen die Grundlage der Wirtschaft bilden. Diese Vision braucht keine Erlaubnis von oben – sie wächst von unten, durch Menschen, die aufhören, auf Reformen zu warten, und stattdessen ihre eigene Zukunft gestalten.

Lokale Initiativen als erster Schritt

Nicht jeder kann eine Privatstadt gründen. Aber jeder kann im Kleinen beginnen. **Jede Bitcoin-Community beginnt mit einer Handvoll Menschen, die den ersten Schritt machen.** Ein Café, das Bitcoin akzeptiert. Ein Marktstand, der nur in Sats abrechnet. Ein Stammtisch, der regelmäßig über die neuesten Entwicklungen spricht und neue Leute anzieht.

ERFOLGREICHE BITCOIN-PARALLELSTRUKTUREN WELTWEIT

Bitcoin Beach (El Salvador): Eine Küstenstadt, die zeigt, wie Bitcoin als Hauptwährung funktionieren kann.

Bitcoin Ekasi (Südafrika): Ein Bildungsprojekt, das lokale Märkte mit Bitcoin verbindet.

Bitcoin Island (Philippinen): Ein Beispiel, wie eine ganze Region durch Bitcoin wirtschaftlich autonom wird.

Lugano (Schweiz): Eine Stadt, die Bitcoin als offizielle Zahlungsmethode akzeptiert und Unternehmen zur Nutzung ermutigt.

Die erfolgreichsten Bitcoin-Ökonomien haben genau so begonnen. **Bitcoin Island auf den Philippinen** entstand, weil ein paar Geschäftsleute beschlossen, Zahlungen in Bitcoin anzunehmen. **Bitcoin Ekasi in Südafrika** ist ein Bildungsprojekt, das lokale Wirtschaft mit Bitcoin verbindet. **Lugano in der Schweiz** ist auf dem Weg, eine der ersten Städte zu werden, in der Bitcoin eine offizielle Währung ist.

Diese Beispiele zeigen: **Man braucht kein politisches Mandat, um eine freie Wirtschaft zu starten – nur Mut und Engagement.**

SCHRITTE ZUR GRÜNDUNG EINER LOKALEN BITCOIN-COMMUNITY

1. Regelmäßige Treffen organisieren: Bitcoin-Stammtische, Meetups oder Workshops.

2. Lokale Unternehmer einbinden: Geschäfte, Cafés oder Märkte überzeugen, Bitcoin zu akzeptieren.

3. Praktische Lösungen schaffen: Kleine Marktplätze, Bitcoin-Kassensysteme oder Tauschkreise.

4. Wirtschaftliches Netzwerk stärken: Wer mit Bitcoin verdient, sollte damit auch zahlen können.

Fazit: Die Hochkultur beginnt mit Netzwerken – und Bitcoin ist ihr Werkzeug

Die zentrale Botschaft dieses Kapitels ist einfach: **Bitcoin kann keine Parallelgesellschaft schaffen – aber Menschen können es.** Eine freie, dezentrale Hochkultur entsteht nicht durch Wunschdenken, sondern durch praktische Umsetzung. Sie beginnt mit Netzwerken aus Menschen, die bereit sind, Verantwortung zu übernehmen und funktionierende Alternativen aufzubauen.

Freiheit beginnt lokal. Erst wenn du dein eigenes Geldsystem, deine eigene Wirtschaft und deine eigene Gemeinschaft hast, bist du wirklich unabhängig.

SAIFEDEAN AMMOUS

Die alte Welt wird nicht reformiert werden – aber die neue entsteht bereits. Sie wächst in Bitcoin-Meetups, in Privatstädten, in freien Märkten und digitalen Nomadennetzwerken. Sie entwickelt sich dort, wo Menschen sich zusammentun, um eine bessere Zukunft zu gestalten.

Die Frage ist nicht, ob diese Hochkultur entstehen wird. Sie wächst bereits. **Die Frage ist: Wann wirst du Teil davon?**

Herausforderungen und Lösungen – Bitcoin in einer Fiat-dominierten Welt

11

Bitcoin ist ein mächtiges Werkzeug für finanzielle Freiheit. Doch wir leben noch immer in einer Welt, die von Fiat-Geld dominiert wird. Zentralbanken, Regierungen und Großkonzerne haben kein Interesse daran, ihre Kontrolle über das Geld aufzugeben. Deshalb wird Bitcoin bekämpft, reguliert und von vielen als „volatil" oder „unsicher" dargestellt.

Jede neue Technologie wird zuerst ignoriert, dann belächelt, dann bekämpft – und schließlich gewinnt sie.

MAHATMA GANDHI

(ADAPTIERT FÜR BITCOIN)

Trotzdem wächst das Bitcoin-Netzwerk unaufhaltsam. Staaten können es nicht verbieten, Banken können es nicht stoppen, und Inflation kann es nicht zerstören. Doch für jeden Bitcoiner stellt sich die Frage: **Wie navigiert man durch eine Welt, die noch nicht auf Bitcoin umgestellt ist?**

In diesem Kapitel geht es darum, wie man **mit Preisschwankungen umgeht, sich gegen regula-**

Herausforderungen und Lösungen **111**

torische Risiken wappnet und Bitcoin trotz Fiat-Dominanz souverän nutzt.

Volatilität und Risiko: Strategien zum Umgang mit Preisschwankungen

Einer der häufigsten Vorwürfe gegen Bitcoin lautet: **„Es ist zu volatil!"** Der Preis schwankt stark, steigt rasant, fällt plötzlich – und das sorgt für Unsicherheit.

Doch was viele nicht verstehen: **Diese Volatilität ist ein Feature, kein Bug.**

Bitcoin ist eine junge Währung in einem freien Markt. Während Fiat-Währungen von Zentralbanken künstlich stabilisiert werden, entwickelt sich Bitcoin organisch. Wenn große Investoren kaufen, steigt der Preis. Wenn Panikverkäufe einsetzen, fällt er. Diese Bewegungen zeigen jedoch nicht etwa Schwäche – sie sind ein Zeichen für ein gesundes, unkontrolliertes Marktgeschehen.

> *Volatilität ist der Preis, den man für absolute Unabhängigkeit zahlt.*
> **SAIFEDEAN AMMOUS**

Wer Bitcoin wirklich versteht, nutzt die Volatilität zu seinem Vorteil. **HODL statt Panikverkäufe.** Wer langfristig denkt, wird belohnt.

Die Bedeutung des langfristigen Denkens: HODL vs. Trading

Viele Anfänger machen den Fehler, Bitcoin wie eine Aktie zu behandeln – sie versuchen, „günstig zu kaufen und teuer zu verkaufen". Doch die Realität zeigt: **Die meisten Trader verlieren.** Sie verpassen die großen Kursanstiege, weil sie versuchen, den Markt zu timen.

Die erfolgreichste Strategie? **HODL.**

Langfristige Bitcoin-Halter haben über die Jahre hinweg gesehen, wie sich ihr Vermögen vervielfacht hat – während kurzfristige Trader oft Verluste machten. Wer Bitcoin

Die Frage ist nicht, ob Bitcoin volatil ist – die Frage ist, ob du langfristig genug denkst.

MICHAEL SAYLOR

kauft, sollte es nicht für schnelle Gewinne tun, sondern weil er verstanden hat, dass Fiat-Geld scheitern wird.

WARUM HODL DIE BESTE STRATEGIE IST

→ 2009: 1 BTC = 0,01 € → 2024: 1 BTC = über 100.000 €.

→ Jede große Korrektur war bisher eine Kaufgelegenheit.

→ Bitcoiner, die zehn Jahre lang HODLn, sind finanziell frei.

Regulatorische Aspekte: Navigieren in einem sich entwickelnden rechtlichen Umfeld

Während Bitcoin immer stärker in die Mainstream-Wirtschaft integriert wird, versuchen viele Regierungen, ihn zu regulieren – oder gar zu bekämpfen.

Einige Länder wie **El Salvador, die Schweiz, und inzwischen sogart die USA** sehen Bitcoin als Chance. Sie haben Gesetze geschaffen, die es einfacher machen, Bitcoin zu nutzen. Andere Staaten – wie China oder Indien – haben versucht, Bitcoin zu verbieten oder einzuschränken. Doch eines zeigt sich immer wieder: **Verbote funktionieren nicht.**

Bitcoin ist so konzipiert, dass es nicht gestoppt werden kann. Es ist ein dezentrales Netzwerk, das keine zentrale Kontrollinstanz hat. Selbst wenn ein Land Bitcoin illegal macht, können Menschen es weiter nutzen – mit privaten Wallets, Peer-to-Peer-Transaktionen oder über das Lightning Network.

LÄNDER MIT POSITIVER BITCOIN-REGULIERUNG

El Salvador: Erster Staat, der Bitcoin als offizielle Währung anerkannt hat.

Schweiz: Bitcoin-freundliche Banken und regulatorische Klarheit.

Portugal: Keine Kapitalertragssteuer auf Bitcoin-Gewinne.

Deutschland: Keine Kapitalertragssteuer auf Bitcoin-Gewinne, wenn länger als 12 Monate gehalten.

Malta: Bitcoin-freundliche Gesetze für Unternehmen.

Vor allem in westlichen Ländern wie in der EU wird der Kampf gegen Bitcoin härter. Besonders die Einführung von **CBDCs (Central Bank Digital Currencies)** ist ein Versuch, Bitcoin durch ein staatliches Überwachungs-Geldsystem zu verdrängen.

Die Gefahr von CBDCs und der Versuch, Bitcoin zu kontrollieren

CBDCs sind ein trojanisches Pferd für totale Kontrolle. Bitcoin ist unsere einzige Chance auf Freiheit.

JOE MARTIN

CBDCs werden von Regierungen als „Innovation" verkauft – in Wahrheit sind sie das Gegenteil von Bitcoin. Während Bitcoin **dezentral, privat und frei** ist, sind CBDCs das genaue Gegenteil: **kontrolliert, überwachbar und manipulierbar.**

Ein staatlich ausgegebenes digitales Zentralbankgeld würde bedeuten:

→ **Absolute Kontrolle über dein Geld.** Staaten könnten bestimmen, wofür du es ausgeben darfst – oder dein Konto einfrieren.

→ **Kein Bargeld mehr.** Alle Transaktionen wären digital und rückverfolgbar.

→ **Negative Zinsen und programmierbares Geld.** Die Regierung könnte dein Geld „ablaufen" lassen, um dich zum Konsum zu zwingen.

Bitcoin ist der einzige Weg, dieser Dystopie zu entkommen. **Wer jetzt Bitcoin sichert und nutzt, baut sich eine Exit-Strategie auf.**

CBDCS VS. BITCOIN – DER GROSSE UNTERSCHIED

CBDCs = Zensierbares, manipulierbares Fiat-Upgrade.
Bitcoin = Freies, dezentrales, hartes Geld.

CBDCs sind der Überwachungsstaat.
Bitcoin ist die finanzielle Revolution.

Strategien für ein souveränes Leben mit Bitcoin – trotz Regulierungen

Der Übergang von Fiat zu Bitcoin wird nicht über Nacht passieren. Doch jeder kann sich bereits jetzt auf eine hyperbitcoinisierte Zukunft vorbereiten.

→ **Sicherheit vor allem:** Selbstverwahrung mit Hardware-Wallets ist Pflicht.
→ **Peer-to-Peer-Netzwerke nutzen:** Bitcoin kann direkt zwischen Menschen gehandelt werden – ohne zentrale Plattformen.
→ **Internationale Diversifikation:** Wer in Bitcoin spart, sollte auch darüber nachdenken, sein Vermögen in Bitcoin-freundlichen Ländern abzusichern.

→ **Bildung und Community-Aufbau:** Je mehr Menschen Bitcoin verstehen und nutzen, desto schwieriger wird es für Regierungen, es zu unterdrücken.

Bitcoin kann nicht reguliert werden – nur du kannst entscheiden, ob du ihn nutzt oder nicht.

ANONYMUS BITCOINER

Die Welt befindet sich in einem finanziellen Umbruch. Fiat stirbt, Inflation eskaliert, Zentralbanken verlieren ihre Glaubwürdigkeit. **Bitcoin ist der Ausweg – aber nur für die, die bereit sind, ihn zu nutzen.**

Fazit: Bitcoin ist unaufhaltsam – bist du es auch?

→ Volatilität ist nur ein Problem für Kurzsichtige. Langfristig hat Bitcoin immer gesiegt.

→ Staaten werden Bitcoin bekämpfen – und dabei scheitern.

→ CBDCs sind der letzte Versuch, Menschen zu kontrollieren.

→ Die Zukunft gehört denen, die heute schon in Bitcoin denken und handeln.

Landwirtschaft, Energie & Bitcoin – Das Rückgrat einer neuen Hochkultur

12

Landwirtschaft und Energie sind die Grundpfeiler jeder Hochkultur. Ohne fruchtbare Böden gibt es keine Nahrung, ohne stabile Energieversorgung keine florierende Wirtschaft. Doch unser aktuelles System behandelt beides wie kurzfristige Ressourcen, die man ausbeuten kann. Das Fiat-Geldsystem zwingt Landwirte und Energieproduzenten in ein Wachstumsmodell, das auf kurzfristige Gewinne und langfristige Zerstörung ausgelegt ist.

Bitcoin könnte diesen Zyklus durchbrechen. Mit einer begrenzten Geldmenge, die nicht von Zentralbanken manipuliert wird, ermöglicht Bitcoin es Landwirten, in langfristige Bodenfruchtbarkeit zu investieren, anstatt jedes Jahr der Inflation hinterherzuhecheln. Gleichzeitig revolutioniert Bitcoin die Energiebranche, indem es neue Mög-

> *Mehr zum Thema Bitcoin und Landwirtschaft kannst du in Kapitel 7 lesen, und in unserem Buch „Raus hier!".*

lichkeiten für dezentrale und nachhaltige Energienutzung schafft.

**Bitcoin ist nicht nur ein Finanzinstrument –
es ist der Schlüssel zu einer neuen, nachhaltigen
Wirtschaftsordnung.**

Bitcoin-Mining als Lösung für Energieprobleme

Eine der größten Missverständnisse über Bitcoin
ist der Vorwurf, es würde zu viel Energie verbrauchen. Tatsächlich ist Bitcoin jedoch **die effizienteste Art der Energienutzung, die es gibt**.

Denn anders als jede andere Industrie kann Bitcoin-Mining Energie **jederzeit und überall verbrauchen, wo sie sonst verschwendet würde**.

MINING MIT ÜBERSCHÜSSIGER ENERGIE: VOM METHANABBAU BIS ZUR NUTZUNG VON WASSERKRAFT

Viele Energiequellen erzeugen Überschüsse, die ungenutzt bleiben. Wasserkraftwerke produzieren
Strom, den niemand abnimmt. Erdölbohrungen setzen Methan frei, das ungenutzt in die Atmosphäre
geblasen wird. In ländlichen Regionen mit erneuer-
baren Energien gibt es oft keine Abnehmer für den
produzierten Strom.

Bitcoin-Mining kann diese Energie in Wert verwandeln. Statt überschüssige Energie zu vergeuden, können Energieproduzenten Bitcoin schürfen und so aus ungenutzter Energie einen wirtschaftlichen Gewinn ziehen.

Bitcoin ist der einzige Verbraucher, der überall existieren kann, wo Energie übrig ist.

JACK DORSEY

WO BITCOIN-MINING ENERGIE SINNVOLL NUTZT

Fakt: 60 % der weltweit erzeugten Energie kann nicht genutzt werden, da die Netze dafür zu alt sind! Verschwendung ist, wenn Energie nicht genutzt wird.

→ **Methanabbau:** Bitcoin-Mining kann Gasemissionen auffangen und in Strom umwandeln.
→ **Wasserkraft:** Wasserkraftwerke können überschüssige Energie für Mining nutzen.
→ **Solar- und Windenergie:** Mining kann Schwankungen im Netz ausgleichen und erneuerbare Energie profitabler machen.

Ein großartiges Beispiel ist **Gridless in Malawi, Afrika**, ein Unternehmen, das mit Bitcoin-Mining Dörfer elektrifiziert, die zuvor keinen Zugang zu Strom hatten.

Diese Technologie könnte eine Schlüsselrolle in der globalen Energiewende spielen, indem sie Energiequellen erschließt, die bislang als unrentabel galten.

Ein Paradigmenwechsel: Wertaufbewahrung durch produktive Ressourcen

Fiat-Geld zwingt Landwirte und Unternehmer, auf schnelle Gewinne zu setzen. Denn wenn das Geld jedes Jahr an Wert verliert, ist es irrational, langfristig zu planen. Doch Bitcoin verändert die Spielregeln.

Wahre Nachhaltigkeit beginnt mit einem stabilen Geldsystem.
SAIFEDEAN AMMOUS

Wenn Landwirte und Unternehmen ihre Gewinne in Bitcoin halten, können sie langfristig investieren, anstatt sich ständig um steigende Kosten oder Inflationsverluste zu sorgen. Die Möglichkeit, Ersparnisse **stabil und sicher** aufzubewahren, könnte eine neue Ära des Wirtschaftens einläuten – eine Ära, in der Qualität und Nachhaltigkeit wieder vor kurzfristiger Profitmaximierung stehen.

Fazit: Landwirtschaft, Energie und Bitcoin – Die Säulen einer neuen Hochkultur

Bitcoin ist nicht nur eine monetäre Revolution – es ist ein Werkzeug, das die grundlegenden Strukturen unserer Wirtschaft verändert.

→ **Landwirtschaft kann sich von Fiat-Abhängigkeit lösen und wieder langfristig wirtschaften.**
→ **Bitcoin-Mining kann Energieverschwendung beenden und nachhaltige Lösungen schaffen.**
→ **Menschen können Werte in produktiven Ressourcen speichern, anstatt sich von Inflation erdrücken zu lassen.**

Die Hochkultur der Zukunft basiert nicht auf kurzfristigem Konsum – sondern auf langfristigem Aufbau. Und Bitcoin ist der Schlüssel dazu.

Bildung & Kultur – Vom Staat befreite Kreativität

13

Bildung und Kultur sind das Fundament jeder Hochkultur. Doch in der heutigen Welt sind beide Bereiche eng mit staatlicher Kontrolle und Fiat-Geld verknüpft. Das Ergebnis ist ein Bildungssystem, das Mittelmaß produziert, und eine Kulturlandschaft, die oft mehr Propaganda als Kunst ist.

Bitcoin kann diesen Zustand radikal verändern. **Wenn Geld frei ist, wird auch Bildung frei. Wenn Bildung frei ist, kann sich Kultur ungehindert entfalten.** Eine wirklich dezentrale Hochkultur entsteht nur dort, wo Menschen selbst über ihr Wissen und ihre kreative Arbeit bestimmen können – und genau das ermöglicht Bitcoin.

> *Es gibt nur eine Lösung für eine bessere Gesellschaft: Bildung. Aber nicht die Bildung, die der Staat uns gibt, sondern die Bildung, die wir uns selbst nehmen.*
>
> **MURRAY ROTHBARD**

Warum staatliche Bildung nur Mittelmaß erzeugt

Staatliche Bildung hat nie das Ziel, exzellente Denker und Visionäre hervorzubringen. Sie ist darauf ausgelegt, Menschen an ein bestehendes System anzupassen. Wer das Schulsystem durchläuft, wird darauf trainiert, sich an Regeln zu halten, Anweisungen zu befolgen und in standardisierten Tests gut abzuschneiden. Doch wahre Bildung bedeutet nicht, Prüfungen zu bestehen – sie bedeutet, die Welt zu verstehen und eigenständig zu denken.

Der Staat will keine freien Denker. Er will funktionierende Zahnräder im System.

JOHN TAYLOR GATTO

WARUM STAATLICHE SCHULEN NIE EXZELLENZ HERVORBRINGEN

→ Einheitslehrpläne setzen auf Durchschnitt, nicht auf individuelle Stärken.

→ Kreativität wird nicht gefördert, sondern durch starre Strukturen unterdrückt.

→ Staatlich gelenkte Bildung ist oft ideologisch geprägt – kritisches Denken ist unerwünscht.

Ein weiteres Problem ist die **universitäre Bildung im Fiat-System**. Während Universitäten einst Orte waren, an denen bahnbrechende Ideen entwickelt wurden, sind sie heute oft nichts weiter als Ideologieschmieden, die mit staatlichen Geldern finanziert werden.

FIAT-UNIVERSITÄTEN UND DAS PROBLEM DER IDEOLOGISCHEN INDOKTRINATION

Durch massive Subventionen und staatlich finanzierte Kredite sind Universitäten zu aufgeblähten Institutionen geworden, die mehr mit Bürokratie als mit echter Wissensvermittlung beschäftigt sind. Studenten werden in Studiengänge gelockt, die wenig praktische Relevanz haben, und am Ende ihres Studiums stehen sie oft mit riesigen Schuldenbergen da – ohne echte wirtschaftliche Perspektive.

Bitcoin ändert dieses Spiel. Wer in Bitcoin spart, muss keine Studienkredite aufnehmen. Wer Bitcoin verdient, kann sich weiterbilden, ohne von staatlichen Förderprogrammen abhängig zu sein. Bildung wird wieder eine persönliche Entscheidung, keine Verpflichtung.

Wie Bitcoin Bildungsnetzwerke und echte Eliten hervorbringt

In einer freien Gesellschaft wird Bildung nicht aufgezwungen – sie wird gesucht.

LUDWIG VON MISES

In einer Bitcoin-Welt könnten Bildungssysteme wieder dezentral funktionieren. Anstatt auf zentralisierte Massenuniversitäten zu setzen, könnten Menschen sich in **Peer-to-Peer-Netzwerken** weiterbilden – mit direkter Bezahlung für Wissen, ohne Umwege über Bildungsbürokratien.

DIE ZUKUNFT DER BILDUNG IN EINER BITCOIN-WELT

→ Online-Kurse und Peer-Learning ersetzen traditionelle Universitäten.

→ Bitcoin ermöglicht direkte Finanzierung von Wissen – ohne Zwischenhändler.

→ Private Bildungsinitiativen entstehen, weil Menschen wieder eigenverantwortlich lernen.

Echte Hochkulturen entstehen nicht durch staatlich verordnete Bildung, sondern durch Menschen, die aus intrinsischer Motivation lernen.

Wenn Wissen nicht mehr durch starre Institutionen kanalisiert wird, sondern von den Besten direkt vermittelt wird, kann echte Exzellenz wieder entstehen.

PRIVATE BILDUNGSINITIATIVEN ALS ALTERNATIVE ZU STAATLICHEN SCHULEN

Immer mehr Eltern und Schüler erkennen, dass das staatliche Bildungssystem gescheitert ist. Homeschooling, freie Schulen und Online-Lernplattformen sind auf dem Vormarsch.

Bitcoin ermöglicht es, diese Alternativen direkt zu finanzieren – sei es durch Crowdfunding für Lehrer oder durch direkte Bezahlung für Kurse. Statt sich an Lehrpläne zu halten, die oft Jahrzehnte hinter den tatsächlichen Entwicklungen zurückbleiben, können Schüler und Studenten direkt von Experten lernen.

Ein Lehrer, der direkt von seinen Schülern bezahlt wird, hat einen echten Anreiz, exzellente Bildung zu liefern.
ANONYMUS PÄDAGOGE

Bitcoin & Kunst: Renaissance der freien Kulturproduktion

Nicht nur Bildung, auch die Kunst hat unter dem Fiat-System gelitten. In einer Welt, in der staatliche Fördergelder darüber entscheiden, welche Künstler erfolgreich sind, geht echte kreative Freiheit oft verloren.

Wahre Kunst braucht keine Förderung – sie braucht Freiheit.

MAX KEISER

Bitcoin bringt das Prinzip der **Mäzen-Kultur** zurück. Anstatt auf staatliche Gelder angewiesen zu sein, können Künstler direkt von ihren Fans und Unterstützern finanziert werden – über Bitcoin-Spenden, Crowdfunding oder dezentrale Plattformen.

WARUM FIAT-KUNST OFT STAATLICH GELENKT IST

→ Subventionierte Kunst folgt politischen Agenden (was nicht passt, wird nicht gefördert).

→ Kunstmärkte sind verzerrt, weil Fiat-Geld künstliche Preise schafft.

→ Künstler sind oft von staatlichen Förderprogrammen abhängig.

DIE RÜCKKEHR ECHTER MÄZENE DURCH BITCOIN

Kunst war früher nicht von Staaten abhängig, sondern von privaten Mäzenen, die talentierte Künstler förderten. Bitcoin ermöglicht genau das wieder: direkte Unterstützung von Künstlern ohne staatliche Bevormundung.

In einer Welt, in der Bitcoin-Wale entscheiden können, welche Kunstprojekte sie finanzieren wollen, könnte sich eine völlig neue Kunstlandschaft entwickeln – eine, die nicht von politischen Vorgaben diktiert wird, sondern von echter kreativer Exzellenz.

> *Bitcoin ist das erste Geld, das es Künstlern erlaubt, frei zu sein.*
> **ANONYMUS KÜNSTLER**

WIE BITCOIN NFTS, DEZENTRALE FINANZIERUNG UND NEUE KUNSTFORMEN ERMÖGLICHT

Die Kombination aus Bitcoin und Blockchain-Technologie könnte auch neue Kunstformen hervorbringen. Während NFTs im Ethereum-Ökosystem oft spekulativ genutzt wurden, könnte Bitcoin echte digitale Eigentumsrechte für Kunstwerke schaffen – fälschungssicher, dauerhaft und direkt übertragbar.

Künstler könnten ihre Werke auf Bitcoin-basierten Plattformen verkaufen,

> *Bitcoin ist die größte Revolution in der Kunst seit der Erfindung der Leinwand.*
> **ANONYMUS KÜNSTLER**

direkt bezahlt in Sats. Dies würde eine völlig neue Dynamik im Kunstmarkt schaffen – eine, **die unabhängig von Galerien, Auktionshäusern oder staatlichen Kulturinstitutionen funktioniert.**

Fazit: Bildung und Kultur in einer freien Welt

→ Staatliche Bildung produziert Konformität – Bitcoin ermöglicht freie Wissensnetzwerke.

→ Kunst wird nicht durch Subventionen groß, sondern durch echte Mäzene.

→ In einer Bitcoin-Welt können Menschen lernen, arbeiten und kreativ sein – ohne staatliche Kontrolle.

Die Hochkultur der Zukunft wird von freien Individuen erschaffen, nicht von Bürokratien. Bitcoin gibt ihnen die Werkzeuge, um das zu tun.

Gemeinwesen, Sicherheit & Private Städte

14

Staaten haben über Jahrhunderte hinweg die Illusion aufrechterhalten, dass sie für Sicherheit, Recht und Ordnung unentbehrlich seien. Doch in Wahrheit sind sie oft die Ursache der Probleme, die sie angeblich lösen wollen. Zentralisierte Gewaltapparate schaffen nicht Sicherheit, sondern Monopole auf Unsicherheit. Sie regulieren nicht zum Wohl der Menschen, sondern zum Wohl der Herrschenden.

Bitcoin bringt eine fundamentale Veränderung mit sich: **Es beweist, dass wichtige gesellschaftliche Funktionen – wie Geld – ohne zentrale Kontrolle funktionieren können.** Wenn Geld dezentral funktionieren kann, warum dann nicht auch Recht, Sicherheit und Governance?

Eine Gesellschaft, die sich auf den Staat verlässt, um Ordnung zu schaffen, wird stets Unordnung ernten. Eine Gesellschaft, die sich selbst organisiert, wird wahre Stabilität finden.

HANS-HERMANN HOPPE

Die Antwort darauf sind **freie Städte, private Sicherheitsdienste und autonome Gemeinschaften, die auf freiwilliger Kooperation beruhen.** Eine anarchokapitalistische Hochkultur ist nicht nur eine Vision – sie ist die logische Weiterentwicklung einer Welt, in der Menschen mit Bitcoin bereits bewiesen haben, dass sie ihr Schicksal selbst in die Hand nehmen können.

Bitcoin und die Zukunft der Governance: Free Cities, DAOs & Co.

Die Zukunft gehört den Städten, nicht den Staaten.

TITUS GEBEL

Staaten sind zentralisierte Institutionen, die durch Zwang funktionieren. Sie finanzieren sich durch Steuern, die nicht freiwillig gezahlt werden, sondern unter Androhung von Gewalt eingetrieben werden. Die meisten Menschen akzeptieren das, weil sie keine Alternative kennen.

Doch genau hier eröffnet Bitcoin neue Möglichkeiten. Eine freie Gesellschaft braucht keine zentralisierte Macht – sie braucht funktionierende Alternativen. Und genau solche Modelle beginnen sich bereits zu entwickeln.

FREE CITIES: PRIVATE STÄDTE ALS ALTERNATIVE ZU NATIONALSTAATEN

Freie Privatstädte sind ein Konzept, das in der Bitcoin-Community immer mehr Aufmerksamkeit bekommt. Sie basieren auf freiwilligen Verträgen zwischen den Bewohnern und den Betreibern der Stadt, statt auf staatlicher Willkür. Jeder Bürger zahlt eine festgelegte Gebühr für Dienstleistungen wie Sicherheit, Infrastruktur und Schiedsgerichtsbarkeit – es gibt keine Steuern, keine Bürokratie, keine politische Einflussnahme.

Projekte wie **Prospera in Honduras** oder zeigen, dass solche Modelle nicht nur Theorie sind, sondern bereits umgesetzt werden.

WICHTIGE MERKMALE FREIER PRIVATSTÄDTE

→ **Verträge statt Gesetze:** Jeder Bürger entscheidet sich freiwillig für die Stadt.

→ **Keine willkürlichen Steuern:** Leistungen werden nur gezahlt, wenn sie genutzt werden.

→ **Effizienz statt Bürokratie:** Sicherheit, Recht und Ordnung werden von privaten Anbietern organisiert.

Ein weiteres Modell für dezentrale Governance sind **DAOs (Dezentrale Autonome Organisatio-**

nen), die als digitale Selbstverwaltungssysteme auf Blockchain-Technologie basieren. Sie ermöglichen es, Gemeinschaften ohne zentrale Kontrolle zu organisieren – sei es für Unternehmensstrukturen, Stadtverwaltung oder wirtschaftliche Projekte.

Warum Bitcoin eine anarchokapitalistische Hochkultur möglich macht

Viele Menschen glauben, dass Anarchie Chaos bedeutet. Doch Anarchie bedeutet nichts anderes als die **Abwesenheit eines Herrschers** – nicht die Abwesenheit von Ordnung. Ordnung kann durch freiwillige Strukturen entstehen, die auf Wettbewerb und Marktmechanismen basieren.

PRIVATE SICHERHEITSDIENSTE STATT STAATLICHER POLIZEI

Die Polizei gilt als eine der „unverzichtbaren" Funktionen des Staates. Doch wer sich die Realität ansieht, erkennt schnell: **Polizeiapparate sind oft ineffizient, korrupt und in erster Linie ein Instrument der Machtausübung.** Die meisten Menschen werden nicht von Kriminellen bedroht – sondern von übergriffigen Gesetzen, die von bewaffneten Staatsbeamten durchgesetzt werden.

Private Sicherheitsdienste, die in einem freien Markt um Kunden konkurrieren, wären gezwungen, **effizient, professionell und kundenfreundlich zu arbeiten** – statt auf Gewaltmonopole zu setzen. Städte mit hohen Privatpolizei-Raten, wie in Südafrika oder bestimmten Gegenden der USA, zeigen, dass Menschen bereits jetzt lieber für private Sicherheitsdienste bezahlen, weil diese besser funktionieren als die Polizei.

> *Der Staat erschafft erst die Probleme, für die er dann seine ,Lösungen' verkauft.*
> **HANS-HERMANN HOPPE**

FREIWILLIGE GEMEINSCHAFTEN STATT ERZWUNGENER SOZIALSTAATEN

Der Staat behauptet, er sei notwendig, um für das soziale Wohlergehen der Menschen zu sorgen.

WARUM SOZIALSTAATEN NICHT SOZIAL SIND

→ Der Staat nimmt Geld von produktiven Menschen und verteilt es ineffizient um.

→ Soziale Netze könnten durch freiwillige Gemeinschaften ersetzt werden.

→ Mit Bitcoin können sich Menschen direkt gegenseitig helfen – ohne Bürokratie.

Doch in Wahrheit erschafft er durch Steuern und Umverteilung eine Gesellschaft der Abhängigkeit. **Bitcoin beendet diesen Kreislauf.**

Eine Hochkultur der Zukunft basiert nicht auf erzwungener Solidarität, sondern auf **freiwilliger Kooperation, sie wird aus ausschließlich schadlos ablehnbaren Angebote bestehen.** Bitcoin-Communities wie Bitcoin Beach in El Salvador zeigen bereits, dass wirtschaftlicher Wohlstand entstehen kann, wenn Menschen sich ohne staatliche Eingriffe selbst organisieren.

> *Wenn Menschen sich nicht freiwillig an eine Regel halten, dann ist die Regel das Problem – nicht die Menschen.*
>
> **MURRAY ROTHBARD**

Sicherheit, Recht & Ordnung ohne Zwangsmonopol

Der wohl größte Mythos über Staaten ist, dass sie für Recht und Ordnung sorgen. Doch tatsächlich sind es oft die Staaten selbst, die die größte Bedrohung für ihre Bürger darstellen.

→ **Rechtssysteme sind korrupt und ineffizient.** Prozesse dauern Jahre, kosten Millionen und bevorzugen die Mächtigen.

→ **Der Staat schützt nicht vor Kriminalität** – er legalisiert seine eigene. Steuern, Geldentwertung und Regulierung sind nichts anderes als systematische Enteignung.

→ **Willkürliche Gesetze schaffen Unsicherheit.** Staaten können jederzeit neue Vorschriften erlassen, die jeden treffen.

DEZENTRALISIERTE JUSTIZSYSTEME: WIE MAN STREITIGKEITEN OHNE STAATLICHE GERICHTE LÖST

Eine freie Gesellschaft kann ihre eigenen, marktbasierten Justizsysteme schaffen. Statt politisch gesteuerter Gerichte könnten **private Schiedsgerichte und freiwillige Rechtsvereinbarungen** die Grundlage für Verträge und Konfliktlösungen bilden.

ALTERNATIVEN ZU STAATLICHEN GERICHTEN

→ Private Schiedsgerichte entscheiden effizienter als staatliche Justiz.

→ Smart Contracts und Blockchain-Technologie ermöglichen automatische Vertragserfüllung.

→ Konkurrierende Rechtssysteme statt Monopolgerichte.

Die Technologie existiert bereits – was fehlt, ist die breite Anwendung. Doch in einer Welt, in der Bitcoin immer mehr Parallelstrukturen ermöglicht, wird auch dieses Modell bald Realität werden.

Fazit: Lokale, dezentrale und freie Gesellschaften sind möglich

→ Der Staat ist nicht notwendig für Sicherheit, Recht oder Soziales – der Markt kann es besser.
→ Freie Städte und DAOs sind die ersten Schritte in eine poststaatliche Zukunft.
→ Bitcoin ist das Rückgrat einer Gesellschaft, in der Menschen freiwillig und ohne Zwang miteinander wirtschaften.

Die Hochkultur der Zukunft wird nicht durch Gesetze und Steuern geschaffen – sie wird von Menschen aufgebaut, die sich durch Bitcoin und freie Märkte unabhängig gemacht haben.

Zusammenfassung von Teil 3: Der Weg in die Praxis

Bitcoin ist kein reines Spekulationsobjekt. **Es ist ein Werkzeug für Freiheit.** Wer Bitcoin nur hält, aber nicht aktiv nutzt, verpasst seine eigentliche Revolution. Die wahre Kraft von Bitcoin entfaltet sich erst, wenn Menschen es einsetzen, um **alternative Strukturen aufzubauen, Parallelgesellschaften zu erschaffen und sich vom Fiat-System zu lösen.**

Eine Hochkultur kann nur dann entstehen, wenn Menschen sich vernetzen, Wissen frei zugänglich machen und ihre wirtschaftlichen Aktivitäten unabhängig von staatlicher Kontrolle gestalten. **Bitcoin ist die Grundlage für diese Entwicklung.**

→ **Netzwerke sind essenziell.** Bitcoin ist mehr als nur ein digitales Asset – es ist eine Bewegung. Wer langfristig frei sein will, muss sich mit anderen zusammenschließen, um eine Parallelökonomie aufzubauen.

→ **Dezentrale Bildung und unabhängige Kultur sind der Schlüssel.** Staatliche Systeme fördern keine Exzellenz – sie verhindern sie. Mit Bitcoin können wir Bildung und Kunst befreien und echten Fortschritt ermöglichen.

→ **Bitcoin bietet Lösungen für reale Probleme.** Ob Landwirtschaft, Energie oder Governance – Bitcoin schafft wirtschaftliche Anreize, um nachhaltige und freie Systeme zu etablieren.

Die entscheidende Frage ist nicht, ob Bitcoin die Zukunft verändern wird – sondern **wer aktiv daran teilhaben wird.** Wer jetzt damit beginnt, Bitcoin nicht nur zu halten, sondern zu nutzen, wer lokale Bitcoin-Communities aufbaut oder regenerative Landwirtschaft mit Bitcoin finanziert, **der gestaltet die Hochkultur von morgen.**

Die Zukunft gehört nicht denen, die auf politische Veränderungen warten. **Sie gehört denen, die jetzt handeln.**

Teil 4

Zukunftsausblick – Die Welt mit Bitcoin

15 Der unvermeidliche Zerfall der Fiat-Welt

Es gibt keine Möglichkeit, den endgültigen Zusammenbruch eines Booms zu verhindern, der durch Kreditexpansion entstanden ist. Die einzige Frage ist, ob die Krise früher durch den freiwilligen Verzicht auf eine weitere Kreditexpansion herbeigeführt wird oder später als totale und endgültige Katastrophe des betreffenden Währungssystems.

LUDWIG VON MISES

Die Fiat-Welt ist ein Kartenhaus. Seit Jahrzehnten wird es durch künstlich gedrucktes Geld, aufgeblähte Schuldenberge und politische Manipulation zusammengehalten. Doch egal wie oft die Zentralbanken neue Kredite schaffen, Zinssätze senken oder Rettungspakete schnüren – der Zerfall ist unvermeidlich. **Denn kein inflationäres Geldsystem hat jemals dauerhaft überlebt.**

Bitcoin steht als Gegenentwurf zu diesem System. Während Fiat-Geld durch politische Willkür entwertet wird, basiert Bitcoin auf fixen Regeln und Knappheit. Während Staaten durch Verschuldung ihre Zukunft verpfänden, bietet Bitcoin eine Exit-Strategie für alle, die sich aus dem kommenden Chaos befreien wollen.

Inflation ist die Hölle für die Armen und das Paradies für die Reichen.
HENRY FORD

Die Frage ist nicht mehr, **ob** das Fiat-System scheitert – sondern nur noch, **wann**. Und wer sich nicht rechtzeitig darauf vorbereitet, wird am Ende mit leeren Händen dastehen.

Warum das aktuelle System zum Scheitern verurteilt ist

Wer die Geschichte betrachtet, erkennt ein wiederkehrendes Muster: **Jedes inflationäre Geldsystem endet in der Katastrophe.** Von der Römi-

---

DIE GESETZMÄSSIGKEITEN DES FIAT-ZUSAMMEN-BRUCHS

Phase 1: Der Staat gibt mehr Geld aus, als er einnimmt.

Phase 2: Zentralbanken drucken Geld, um Schulden zu finanzieren.

Phase 3: Inflation frisst die Kaufkraft der Bürger.

Phase 4: Währungsreformen oder Hyperinflation setzen ein.

---

schen Denar-Entwertung über die Hyperinflation der Weimarer Republik bis hin zum Niedergang des argentinischen Peso – die Zeichen sind immer dieselben.

DER CANTILLON-EFFEKT: WARUM DIE ELITEN IMMER REICHER UND DER MITTELSTAND IMMER ÄRMER WIRD

Ein Großteil der Fiat-Welt basiert auf einem perfiden Mechanismus: **Der Cantillon-Effekt.** Er besagt, dass neues Geld nicht gleichmäßig in die Wirtschaft gelangt, sondern zuerst bei denjenigen ankommt, die dem Finanzsystem am nächsten stehen – also Banken, Großkonzerne und Regierungen.

Während die Eliten frisch gedrucktes Geld direkt in Aktien, Immobilien und Gold stecken können, erreicht es den Durchschnittsbürger erst viel spä-

---

DER CANTILLON-EFFEKT IN ZAHLEN

→ Zentralbanken drucken Billionen, doch die Löhne steigen kaum.

→ Immobilienpreise explodieren, während normale Bürger sich kein Eigenheim leisten können.

→ Aktienmärkte boomen, doch die Produktivität stagniert.

---

ter – wenn die Preise bereits gestiegen sind. Das Ergebnis? Die Reichen werden immer reicher, während der Mittelstand ausgepresst wird.

Bitcoin beendet diesen Mechanismus. Es gibt keine Möglichkeit, neues Bitcoin aus dem Nichts zu erschaffen. Kein Staat, keine Zentralbank, kein Politiker kann den Bitcoin-Vorrat manipulieren. **Es ist das einzige wirklich faire Geld.**

Die Exit-Strategien: Vom Staat lösen, bevor es crasht

Wer sich auf den Staat verlässt, wird am Ende enttäuscht werden. In jeder Währungskrise der Geschichte haben Regierungen nicht die Bürger geschützt – sondern zuerst die Banken und ihre eigenen Machtstrukturen.

Wenn sich das Fiat-System dem Ende nähert, gibt es für Individuen nur eine Lösung: **rechtzeitig aussteigen.**

> *Die meisten Menschen bemerken nicht, dass ihr Vermögen zerstört wird, weil sie in der falschen Währung sparen.*
>
> **SAIFEDEAN AMMOUS**

WARUM ES GEFÄHRLICH IST, IN FIAT-VERMÖGENSWERTEN ZU BLEIBEN

Bankkonten, Staatsanleihen und Lebensversicherungen sind nichts weiter als Papier, das in einem inflationären System kontinuierlich an Wert verliert. Wer sein Vermögen ausschließlich in Fiat hält, setzt darauf, dass das System ewig funktioniert – eine gefährliche Illusion.

BITCOIN ALS VERSICHERUNG GEGEN WIRTSCHAFTLICHE UND GEOPOLITISCHE KRISEN

Bitcoin ist nicht einfach nur eine neue Art von Geld. Es ist eine Lebensversicherung gegen wirtschaftlichen Kollaps. In Ländern wie Venezuela oder der Türkei hat Bitcoin bereits gezeigt, dass es die letzte Rettung für Menschen sein kann, die ihr Geld nicht durch staatliche Misswirtschaft verlieren wollen.

WARUM BITCOIN DER ULTIMATIVE VERMÖGENS-SCHUTZ IST

→ **Kann nicht enteignet werden:** Kein Staat kann Bitcoin beschlagnahmen, wenn du deine Private Keys sicher verwahrst.

→ **Keine Inflation:** Maximal 21 Millionen Bitcoin – nie mehr.

→ **Jederzeit global übertragbar:** Kein Bankensystem kann Bitcoin-Transaktionen blockieren.

Wer sich bereits jetzt in Bitcoin positioniert, wird nicht nur sein Vermögen schützen, sondern auch am größten Vermögenstransfer der Geschichte teilnehmen.

Bitcoin als Rettungsboot – jetzt oder nie

Die meisten Menschen denken, sie hätten noch Zeit. Doch wie bei jedem wirtschaftlichen Kollaps gilt: **Diejenigen, die zuerst aussteigen, gewinnen am meisten.**

→ Wer 2010 Bitcoin gekauft hat, musste nie wieder für Geld arbeiten.

→ Wer 2020 Bitcoin gekauft hat, hat sein Vermögen gegen Inflation gesichert.

→ Wer 2030 noch Fiat hält, wird wahrscheinlich enteignet.

DER ÜBERGANG ZUR BITCOIN-ÖKONOMIE: VOM FIAT-GEFÄNGNIS IN EINE FREIE FINANZWELT

Staaten und Zentralbanken wissen, dass ihr System auf einem wackligen Fundament steht. Deshalb versuchen sie mit allen Mitteln, Bitcoin zu bekämpfen – durch Regulation, Besteuerung und Panikmache.

Doch die Wahrheit ist: **Sie werden scheitern.**

Bitcoin ist das Rettungsboot –
aber du musst selbst einsteigen.

MICHAEL SAYLOR

Bitcoin ist bereits zu groß, zu dezentral und zu unvermeidlich geworden. Kein Staat kann es stoppen, keine Bank kann es kontrollieren, kein Regulierer kann es verbieten. **Und je früher du es nutzt, desto größer sind deine Chancen, vom Fiat-Kollaps unberührt zu bleiben.**

Fazit: Wer jetzt nicht handelt, wird verlieren

→ Das Fiat-System kann nicht ewig funktionieren – sein Zerfall ist unausweichlich.

→ Der Cantillon-Effekt sorgt dafür, dass die Reichen profitieren, während der Mittelstand ausgeplündert wird.

→ Bitcoin ist die beste Versicherung gegen den kommenden Wirtschaftskollaps.

→ Je früher du dein Vermögen aus dem Fiat-System herauslöst, desto besser sind deine Chancen, finanziell souverän zu bleiben.

Die Hochkultur der Zukunft wird nicht auf Inflation, Schulden und Zentralbanken gebaut sein – sie wird auf freiem Geld, freiem Handel und freier Innovation beruhen: Bitcoin.

Die neue Renaissance –
Leben in einer
Bitcoin-Hochkultur

Stell dir eine Welt vor, in der dein Geld nicht jedes Jahr an Wert verliert. Eine Welt, in der du nicht gezwungen bist, für staatliche Programme zu zahlen, die du nicht unterstützt. Eine Welt, in der Unternehmer und Künstler nicht von Genehmigungen, Subventionen und Bürokratie abhängig sind, sondern direkt mit den Menschen in Verbindung stehen, die ihren Wert erkennen.

Die Zukunft gehört nicht denen, die darauf warten, dass sich das System ändert. Sie gehört denen, die sich selbst ändern – und dadurch die Welt um sich herum.

Diese Welt existiert bereits in Fragmenten. Überall auf der Welt entstehen **Bitcoin-Communitys, freie Privatstädte, alternative Bildungssysteme und dezentrale Märkte**. Die alte Ordnung mag noch bestehen, doch ihr Fundament bröckelt. Staaten verlieren an Einfluss, Banken werden überflüssig, und Menschen beginnen, selbst über ihr wirtschaftliches und gesellschaftliches Leben zu bestimmen.

Die Renaissance war kein Werk von Politikern. Sie entstand, weil Menschen begannen, sich von alten Dogmen zu lösen. Sie erkannten, dass sie selbst Schöpfer ihrer Zukunft sein konnten. **Heute stehen wir an der Schwelle einer neuen Renaissance – einer Renaissance, die durch Bitcoin ermöglicht wird.**

Eine Welt mit Bitcoin – Ein Paradigmenwechsel

Das Fiat-Geldsystem hat die Welt in eine ewige Spirale aus Schulden, Inflation und künstlichem Wachstum gezwungen. Unternehmen müssen expandieren, um der Geldentwertung zuvorzukommen. Menschen werden zu Konsumenten erzogen, die sich immer weiter verschulden, nur um ihre Kaufkraft nicht zu verlieren. Die Märkte sind verzerrt, die Preise manipuliert, und das gesamte System beruht auf der Illusion, dass Schulden Wohlstand schaffen.

Doch eine Welt mit Bitcoin funktioniert nach anderen Prinzipien. Geld wird nicht mehr entwertet, sondern bewahrt seinen Wert über Jahrzehnte hinweg. Unternehmer müssen nicht mehr um Kredite betteln, sondern können ihre Projekte durch Peer-to-Peer-Finanzierungen oder Bitcoin-Crowdfunding realisieren. Innovation entsteht nicht, weil Regierungen Forschungsbudgets verteilen, sondern weil echte Nachfrage Talente fördert und kreative Köpfe finanziert.

In einer solchen Wirtschaft wird Wohlstand nicht durch Schulden und Gelddrucken generiert, sondern durch **Produktivität, Innovation und echte Wertschöpfung**. Sparen wird wieder sinnvoll. Investitionen basieren nicht mehr auf billigen Krediten, sondern auf klugen Entscheidungen. Arbeit verliert ihren Charakter als Tauschmittel gegen wertlos werdende Währung und wird wieder zu einem Mittel der Selbstverwirklichung.

Die Gesellschaft verändert sich radikal, wenn Geld nicht mehr von zentralen Instanzen manipuliert wird. **Plötzlich gibt es keinen künstlich geschaffenen Zwang mehr, immer schneller zu wachsen, immer mehr zu verbrauchen, immer höhere Risiken einzugehen.** Plötzlich wird es möglich, ein nachhaltiges Leben zu führen, das nicht von der Angst getrieben ist, dass Inflation das Ersparte auffrisst oder Regierungen die Spielregeln von heute auf morgen ändern.

Eine Gesellschaft der Freiheit und Eigenverantwortung

Wenn Geld nicht mehr vom Staat kontrolliert wird, verliert der Staat einen Großteil seiner Macht. **Steuern lassen sich nicht mehr so einfach eintreiben, Subventionen nicht mehr beliebig verteilen, Kriege nicht mehr durch Schulden finanzieren.** Die Menschen werden nicht mehr gezwungen, eine Bürokratie zu finanzieren, die ihnen mehr schadet als nutzt. Stattdessen beginnt sich die Gesellschaft von Grund auf neu zu organisieren.

Bildungssysteme, die bisher in staatlichen Händen lagen, werden durch dezentrale Netzwerke ersetzt, in denen Wissen frei vermittelt wird. Eltern müssen nicht mehr ihre Kinder auf Schulen schicken, in denen sie mit vorgefertigten Lehrplänen indoktriniert werden. Stattdessen entstehen Bildungsmodelle, in denen Wissen durch Mentoren, Online-Plattformen oder privat finanzierte Institute vermittelt wird – **effizienter, praxisnah und ohne ideologische Agenda**.

Die Gesundheitsversorgung wandelt sich. Statt überregulierter Systeme, die von Pharma- und Versicherungskartellen gesteuert werden, entstehen medizinische Netzwerke, in denen Ärzte und Patienten direkt miteinander agieren. Behandlungen werden nicht mehr durch den Staat oder Großkonzerne bestimmt, sondern durch den freien Austausch von Wissen, Erfahrungen und medizinischen Innovationen.

Auch in der Sicherheit wird sich vieles verändern. Ohne einen Staat, der Gewaltmonopole errichtet, können Menschen wieder selbst entscheiden, wie sie sich und ihre Gemeinschaft schützen wollen. **Private Schutzdienste ersetzen ineffiziente Polizeibehörden. Rechtsstreitigkeiten werden nicht mehr durch überlastete, korrupte Gerichtssysteme geregelt, sondern durch Schiedsgerichte und vertraglich vereinbarte Lösungen.**

Wie du Teil der neuen Hochkultur wirst

Eine Welt mit Bitcoin ist keine Utopie. Sie ist eine logische Konsequenz der technologischen und gesellschaftlichen Veränderungen, die bereits im Gange sind. Doch sie wird nicht von selbst entstehen. Sie braucht Menschen, die bereit sind, die ersten Schritte zu gehen.

Finanzielle Unabhängigkeit ist der erste Schritt. **Je weniger du vom Fiat-System abhängig bist, desto mehr Kontrolle hast du über dein eigenes Leben.** Wer Bitcoin hält, entzieht sich der schleichenden Enteignung durch Inflation. Wer Schulden abbaut, macht sich unabhängig von Banken. Wer in reale Werte investiert – Land, Unternehmen, Wissen – legt den Grundstein für eine Zukunft, in der Wohlstand nicht von politischen Entscheidungen abhängt.

Doch wahre Unabhängigkeit entsteht nicht allein durch finanziellen Wohlstand. **Es braucht Parallelstrukturen, um eine Bitcoin-Welt zu realisieren.** Wer heute beginnt, lokale Bitcoin-Communitys aufzubauen, freie Märkte zu etablieren oder alternative Bildungseinrichtungen zu schaffen, ist ein Pionier der neuen Renaissance.

Und schließlich geht es darum, Wissen zu verbreiten. **Die größte Waffe des alten Systems ist die Unwissenheit.** Wer Menschen aufklärt, wer zeigt, dass eine bessere Welt möglich ist, wer erklärt, warum Bitcoin das Fundament einer freien Gesellschaft bildet, leistet den wichtigsten Beitrag zur Zukunft.

Die neue Renaissance hat begonnen

Das alte System stirbt. Die Zentralbanken haben ihr Pulver verschossen, die Staaten verlieren an Legitimität, und immer mehr Menschen erkennen, dass sie nicht darauf warten müssen, dass sich etwas ändert – **sie können die Veränderung selbst sein**.

Bitcoin ist nicht nur eine technische Innovation. Es ist ein neues Paradigma, das die Welt grundlegend verändern wird. **Es ist das Ende der finanziellen Tyrannei und der Beginn einer Ära, in der Menschen wieder über ihr eigenes Leben bestimmen.**

Die neue Renaissance ist keine Theorie. Sie geschieht genau jetzt. Die Frage ist nicht, ob sie kommt – sondern nur, ob du Teil davon sein wirst.

Die Wahl liegt bei dir.

17 Vision einer freien Privatstadt – Das neue Modell für Selbstverwaltung

Der Staat ist nicht die Lösung, er ist das Problem. Die Zukunft gehört den Gemeinschaften, die sich unabhängig organisieren.

MILTON FRIEDMAN

Die Idee des Nationalstaates, wie wir ihn heute kennen, ist ein Auslaufmodell. Ursprünglich gedacht als Struktur, die für Sicherheit, Infrastruktur und Recht sorgt, haben sich moderne Staaten in gigantische Bürokratien verwandelt, die sich selbst erhalten müssen – auf Kosten der Bürger. Sie kontrollieren das Geld, regulieren Märkte, schränken individuelle Freiheiten ein und zerstören durch Steuern und Inflation die wirtschaftliche Basis der Menschen.

Doch was, wenn es eine Alternative gäbe? **Was, wenn wir Gesellschaften auf freiwilliger Basis neu organisieren könnten – ohne staatliche Zwangsabgaben, ohne aufgeblähte Bürokratie, ohne politische Willkür?**

Diese Alternative gibt es: **Die freie Privatstadt.**

Warum der Nationalstaat als Modell ausgedient hat

Seit Jahrhunderten haben Menschen gelernt, sich innerhalb von Staaten zu organisieren, doch das bedeutet nicht, dass dieses Modell alternativlos ist. Der moderne Staat ist ein zentralisiertes Konstrukt, das sich selbst zur Notwendigkeit erklärt, aber in Wahrheit in vielen Bereichen versagt.

Der Staat ist die große Fiktion, nach der sich jedermann bemüht, auf Kosten jedermanns zu leben.
FRÉDÉRIC BASTIAT

Die meisten Menschen glauben, dass ein Staat für Ordnung, Sicherheit und Wohlstand sorgt. Doch wenn wir genauer hinschauen, zeigt sich ein anderes Bild:

→ **Staaten sind ineffizient.** Riesige Bürokratien verbrennen Ressourcen für Verwaltung statt für produktive Zwecke.

→ **Staaten sind korrupt.** Politische Entscheidungen basieren nicht auf wirtschaftlicher Vernunft, sondern auf Machtinteressen und Lobbyismus.

→ **Staaten sind nicht reformierbar.** Jede Regierung verspricht Verbesserungen – doch am Ende wachsen die Steuern, die Schulden und die Kontrolle über das Leben der Bürger.

Doch wenn der Staat kein echter Wohlstandsbringer ist – was ist dann die Alternative?

Die Antwort liegt in freien Privatstädten.

Konzept und Umsetzung: Wie freie Privatstädte auf Bitcoin-Basis funktionieren können

Eine freie Privatstadt ist eine **freiwillige Gemeinschaft, die auf vertraglichen Beziehungen statt auf staatlichem Zwang basiert**. Sie funktioniert nach einem simplen Prinzip: **Jeder, der dort lebt, schließt einen individuellen Vertrag mit dem Betreiber der Stadt ab.**

Statt Steuern gibt es feste Gebühren für grundlegende Dienstleistungen – Sicherheit, Infrastruktur, Rechtsprechung. Doch anders als in Nationalstaaten gibt es **keine Politiker, die Gesetze nach Belieben ändern können.** Alles basiert auf freiwilligen Vereinbarungen.

BITCOIN ALS WIRTSCHAFTSBASIS FÜR FREE CITIES

Die größte Herausforderung bei der Gründung neuer Stadtstaaten war bisher die Abhängigkeit vom Fiat-Geldsystem. Wer auf Banken oder Zentralbanken angewiesen ist, unterliegt deren Regeln. Doch mit Bitcoin gibt es erstmals **ein neutrales, dezentralisiertes Geld, das nicht von Regierungen kontrolliert werden kann.**

> *Der Staat hat das Monopol auf Gewalt, weil er das Monopol auf Geld hat. Bitcoin bricht dieses Monopol.*
>
> **MAX KEISER**

→ **Keine Inflation:** Niemand kann das Geld der Stadtbewohner entwerten.

→ **Keine Kapitalverkehrskontrollen:** Werte können frei bewegt werden, ohne Banken oder Staaten um Erlaubnis zu bitten.

→ **Echte Eigentumsrechte:** Kein Staat kann Bitcoin-Besitz enteignen oder Geldströme manipulieren.

Wenn Geld nicht mehr durch Politiker kontrolliert wird, kann sich eine echte Marktgesellschaft entwickeln – basierend auf freiwilligem Austausch statt auf Zwang.

Rechtssicherheit durch private Schiedsgerichte statt staatlicher Willkür

Ein weiteres Kernelement freier Privatstädte ist das Rechtssystem. Anstatt auf überlastete, ineffiziente und oft korrupte staatliche Gerichte angewiesen zu sein, können Bewohner einer Privatstadt auf **unabhängige Schiedsgerichte setzen, die durch Wettbewerb effizienter und gerechter arbeiten.**

→ Streitigkeiten werden durch Verträge und Schiedsgerichte geregelt.

→ Rechtssicherheit entsteht nicht durch politische Willkür, sondern durch klare, im Voraus bekannte Regeln.

→ Korruption wird minimiert, da es konkurrierende Anbieter für Rechtsdienstleistungen gibt.

Ein gutes Rechtssystem beruht nicht auf Gesetzen, sondern auf Vertrauen und freiwilligen Vereinbarungen.

TITUS GEBEL

Infrastruktur durch freiwillige Beiträge statt Zwangsabgaben

Staaten behaupten oft, dass nur durch Steuern Infrastruktur finanziert werden kann. Doch in der Praxis zeigt sich, dass **privat finanzierte Infrastruktur meist effizienter ist**.

→ Straßen, Wasserversorgung und Stromnetze könnten durch **Nutzungsgebühren** statt durch Steuern finanziert werden.

→ Sicherheitsdienste wären **direkt dem Kunden verpflichtet**, statt ineffizienter und oft willkürlich agierender Polizei.

→ Bildungseinrichtungen würden nach **Marktprinzipien** organisiert, statt durch ideologisch geprägte Lehrpläne reguliert zu werden.

WARUM PRIVATE INFRASTRUKTUR EFFIZIENTER IST ALS STAATLICHE

→ Ressourcen werden nicht durch Korruption und Bürokratie verschwendet.

→ Dienstleistungen müssen sich am Markt beweisen – schlechte Anbieter verschwinden.

→ Bürger können frei wählen, welche Services sie nutzen wollen.

In einer freien Privatstadt zahlt niemand für etwas, das er nicht nutzt.

Fazit: Wie du Teil der Bewegung wirst

Die erste Generation freier Privatstädte entsteht bereits – und sie braucht Menschen, die mitmachen.

→ **Investieren:** Einige Free-City-Projekte bieten bereits Investmentmöglichkeiten in Land, Bitcoin-Infrastruktur oder Unternehmen.

→ **Mitgestalten:** Wer sich mit Governance, Recht oder Stadtplanung auskennt, kann an diesen Projekten aktiv mitarbeiten.

→ **Erleben:** Viele Projekte bieten bereits Residency-Programme für Pioniere an, die testen wollen, wie das Leben in einer freien Stadt funktioniert.

Der Nationalstaat ist ein Auslaufmodell – die Zukunft gehört freiwilligen Gemeinschaften.
Wer wartet, bis sich das System von selbst ändert, wird enttäuscht werden. **Wer heute beginnt, neue Strukturen aufzubauen, wird die Zukunft gestalten.**

18 Globale Auswirkungen von Bitcoin – Eine neue Machtverteilung

Bitcoin ist weit mehr als eine Technologie oder ein Spekulationsobjekt. Es ist ein fundamentaler Wandel in der globalen Machtverteilung – ein stiller, aber unaufhaltsamer Prozess, der sich in Echtzeit vor unseren Augen abspielt. Während die alten Eliten noch glauben, die Finanzmärkte mit Zinssätzen, Schulden und Inflation kontrollieren zu können, wächst eine neue Wirtschaft heran, die sich außerhalb ihres Einflussbereichs entwickelt.

Mit Bitcoin haben erstmals in der Geschichte alle Menschen – egal wo sie geboren wurden – Zugang zu einem grenzenlosen Finanzsystem. Ein System, das nicht auf der Willkür von Banken und Regierungen basiert, sondern auf Mathematik, Dezentralität und einer unveränderbaren Geldmenge.

Während die etablierten Staaten und Währungen an Bedeutung verlieren, gewinnen Menschen und Nationen an Macht, die sich von Fiat-Geld und seiner Korruption lösen. Der globale Süden beginnt, Bitcoin als Fluchtweg aus der finanziellen Knechtschaft zu nutzen, und erste Staaten erkennen, dass Bitcoin eine geopolitische Waffe ist, die den Status quo herausfordert.

Wer verstehen will, wie die Zukunft aussieht, muss Bitcoin nicht auf dem Trading-Chart betrachten. **Die wahre Revolution passiert dort, wo Bitcoin Menschen befreit, die vorher keinen Zugang zu wirtschaftlicher Selbstbestimmung hatten.**

Finanzielle Inklusion: Wie Bitcoin unbanked Populationen erreicht

Die westliche Welt nimmt Banken als selbstverständlich hin. Ein Konto eröffnen, Geld überweisen, investieren – all das scheint trivial. Doch für **fast zwei Milliarden Menschen** weltweit ist das Bankensystem nicht zugänglich.

Die Banken schließen uns aus. Bitcoin nimmt uns auf.
EIN BITCOIN-NUTZER AUS NIGERIA

Warum? Weil Banken und Regierungen diesen Menschen keinen Zugang geben **wollen**.

→ Menschen ohne offizielle Papiere werden systematisch ausgeschlossen.

→ Hohe Gebühren machen Bankdienstleistungen in Entwicklungsländern unerschwinglich.

→ Regierungen und Banken haben kein Interesse daran, ihre Kontrolle über das Geldsystem zu verlieren.

WARUM BANKEN NICHT FÜR DIE FINANZIELLE INKLUSION SORGEN

→ **Hohe Eintrittsbarrieren:** Strenge Identifikationspflichten schließen Milliarden aus.

→ **Korruption:** Lokale Banken in Entwicklungsländern arbeiten oft mit Regierungen zusammen, um Geldströme zu kontrollieren.

→ **Kosten:** Einfache Überweisungen sind oft absurd teuer – in manchen afrikanischen Ländern betragen die Gebühren bis zu 20 %.

Bitcoin ändert dieses Spiel. **Jeder mit einem Smartphone kann ein Bankkonto haben – ohne einen einzigen Papierkram, ohne Erlaubnis, ohne willkürliche Regeln.**

ERFOLGREICHE BEISPIELE: MENSCHEN IN ENTWICKLUNGSLÄNDERN, DIE MIT BITCOIN WOHLSTAND AUFBAUEN

Überall auf der Welt gibt es Menschen, die nicht warten, bis Banken sie akzeptieren – sie nehmen ihre finanzielle Zukunft selbst in die Hand.

Bitcoin ist für die Unterdrückten das, was das Internet für die Informationsfreiheit war.

ALEX GLADSTEIN

→ **Nigeria:** Trotz eines Bitcoin-Verbots nutzen Millionen Menschen BTC, um Inflation zu umgehen und mit der Welt zu handeln.

→ **El Salvador:** Bitcoin als gesetzliches Zahlungsmittel gibt der Bevölkerung erstmals Zugang zu einer stabilen Währung.

→ **Afghanistan:** Nach dem Zusammenbruch der Banken nutzen Frauen Bitcoin, um sich von staatlicher Kontrolle zu befreien.

Bitcoin ist nicht nur eine Alternative – **für viele ist es die einzige Möglichkeit, wirtschaftlich zu überleben.**

Diese Entwicklung ist nicht mehr aufzuhalten. Jedes Mal, wenn eine Regierung versucht, Bitcoin zu verbieten, wächst das Netzwerk weiter. **Denn du kannst einen Algorithmus nicht verbieten. Du kannst Mathematik nicht stoppen.**

Machtverschiebung: Die Rolle von Bitcoin in der Neuverteilung wirtschaftlicher und politischer Macht

> *Erst ignorieren sie dich, dann lachen sie über dich, dann bekämpfen sie dich – und dann verwenden sie Bitcoin als ihre Staatsreserve.*
>
> **ANONYMUS BITCOINER**

Die Weltordnung des 20. Jahrhunderts basierte auf zwei Säulen: **dem US-Dollar als Weltreservewährung und der Kontrolle über das Finanzsystem durch westliche Staaten.**

Diese Säulen wackeln.

Staaten mit schwachen Währungen erkennen als erste, dass das Fiat-System ihnen nur Nachteile bringt. **Während westliche Länder Bitcoin als Spekulationsobjekt betrachten, erkennen Länder mit hoher Inflation, dass es ihr Rettungsboot ist.**

Der Untergang des Petrodollars und der Aufstieg einer multipolaren Weltordnung

Seit den 1970er Jahren beruhte die Macht des US-Dollars darauf, dass Öl in Dollar gehandelt wurde – der sogenannte **Petrodollar-Standard**. Doch dieser Mechanismus bricht zusammen.

→ China, Russland und der Nahe Osten beginnen, Öl in anderen Währungen zu handeln.

→ Länder erkennen, dass sie sich durch Bitcoin aus dem Dollar-Imperium lösen können.

→ Der globale Finanzkrieg nimmt zu – doch Bitcoin ist die neutrale Alternative.

Wenn Bitcoin von **kleinen Ländern als Schutz gegen Inflation** genutzt wird, ist das eine Sache. Doch wenn **ganze Staaten beginnen, Bitcoin als strategische Reserve zu halten, verändert sich das Machtgefüge der Welt.**

Der Petrodollar stirbt. Bitcoin ist der nächste logische Schritt.

LUKE GROMEN

Bitcoin als geopolitischer Gamechanger

Was passiert, wenn Staaten Bitcoin-Reserven aufbauen?

→ Bitcoin wird zur neuen Goldreserve: Länder mit hohen BTC-Beständen haben plötzlich monetäre Souveränität.

→ Staaten können sich aus dem Einfluss des IWF und der Weltbank lösen.

Bitcoin ist das erste Mal in der Geschichte, dass Menschen Geld besitzen können, das keine Regierung manipulieren kann.

MICHAEL SAYLOR

→ Bitcoin zwingt Nationen zu wirtschaftlicher Disziplin – sie können keine unbegrenzten Schulden mehr machen.

Das bedeutet: **Die Welt wird multipolar. Der Dollar verliert seine Dominanz. Und Bitcoin wird zum neuen neutralen Geld, das nicht von Staaten kontrolliert werden kann.**

Fazit: Die neue Machtverteilung beginnt jetzt

Bitcoin verändert die globale Finanzwelt von Grund auf. Während die alten Institutionen versuchen, ihre Kontrolle aufrechtzuerhalten, wächst im Verborgenen eine **neue, dezentrale Wirtschaft, die nicht mehr auf Banken, Inflation oder politischen Spielchen beruht.**

Die erste Welle dieser Revolution betrifft Einzelne – Menschen, die sich durch Bitcoin unabhängig machen. Die zweite Welle betrifft ganze Nationen – Länder, die sich aus dem Fiat-System lösen. Und die dritte Welle? **Sie wird den globalen Machtkampf entscheiden.**

Dein persönlicher Beitrag zur neuen Hochkultur **19**

Die Welt verändert sich nicht durch große politische Reformen oder durch einen einzigen revolutionären Akt. Sie verändert sich durch die Handlungen unzähliger Individuen, die ihre Umgebung Tag für Tag ein kleines Stück freier, innovativer und lebenswerter machen.

Nichts ist mächtiger als eine Idee, deren Zeit gekommen ist.

VICTOR HUGO

Bitcoin ist genau das: **eine Revolution, die von unten wächst.** Sie braucht keine zentrale Führung, keine Erlaubnis von Regierungen und keine staatlichen Subventionen. Sie entsteht durch Menschen, die sich bewusst dazu entscheiden, sich von einem korrupten Finanzsystem zu lösen und eine neue Hochkultur zu erschaffen – eine Kultur, die auf individueller Freiheit, Verantwortung und echtem Wert basiert.

Jeder, der Bitcoin nutzt, trägt dazu bei. Jede Transaktion, jede neue Node, jede Bitcoin-zentrierte Initiative ist ein Baustein auf dem Weg zu einer besseren Zukunft.

Warum jeder Einzelne
eine Rolle spielt

In einer Fiat-Welt, in der Staaten sich als oberste Autorität über Gesellschaft und Wirtschaft aufspielen, wird der Einzelne oft entmündigt. Politiker erzählen dir, dass du nichts ändern kannst, dass du für deine Altersvorsorge auf den Staat vertrauen musst, dass Inflation unvermeidlich ist und dass du die Gesetze, die über dein Leben entscheiden, einfach hinnehmen sollst.

Doch die Realität sieht anders aus. **Jede große Veränderung beginnt mit einzelnen Menschen, die sich weigern, nach den alten Regeln zu spielen.**

Bitcoin ist das perfekte Beispiel dafür. Es wurde nicht von einer Regierung erfunden, sondern von einer anonymen Person oder Gruppe, die eine Alternative zum bestehenden Finanzsystem geschaffen hat. Es wurde nicht durch zentrale Planung verbreitet, sondern durch die Entscheidungen von Millionen von Individuen, die es adaptierten, nutzten und weiterentwickelten.

Heute stehen wir an einem Wendepunkt. Das alte Finanzsystem steht vor dem Kollaps. Staaten suchen nach Wegen, ihre Kontrolle zu verstärken, sei es durch Zentralbank-Digitalwährungen, Bargeldabschaffung oder strengere Kapitalverkehrskontrollen. Doch Bitcoin ist bereits eine **Alternative, die existiert**.

Jeder, der es nutzt, zieht sich ein Stück weiter aus dem alten System zurück. Jeder, der es erklärt, öffnet jemandem die Tür zur finanziellen Freiheit. Jeder, der ein Bitcoin-basiertes Projekt aufbaut, schafft neue Möglichkeiten für andere.

Aktiv werden: Wie du dich für Bitcoin engagieren kannst

Die beste Art, sich für eine bessere Zukunft einzusetzen, ist es, selbst aktiv zu werden. Das bedeutet nicht, dass jeder eine eigene Bitcoin-Company gründen muss. **Es beginnt mit den kleinen Dingen.**

Es beginnt damit, Bitcoin nicht nur als Spekulationsobjekt zu sehen, sondern als das, was es ist: **das härteste Geld der Geschichte, ein Werkzeug der Freiheit, die Grundlage einer neuen Hochkultur.** Es beginnt damit, **Bitcoin zu besitzen und zu nutzen.**

→ Wer Bitcoin hält, entzieht dem Fiat-System Kaufkraft.

→ Wer Bitcoin verwendet, trägt zur Entstehung einer parallelen Wirtschaft bei.

→ Wer Bitcoin akzeptiert, gibt anderen die Möglichkeit, es als Währung zu nutzen.

Doch Bitcoin zu besitzen ist nur der erste Schritt. **Die wirklich entscheidende Frage ist, was du darüber hinaus tust.**

Bildung verbreiten: Wissen ist die mächtigste Waffe

Der Staat lebt von Unwissenheit. Wissen ist der erste Schritt zur Freiheit.

FRIEDRICH A. VON HAYEK

Bitcoin ist für viele Menschen schwer zu verstehen. Jahrzehntelang wurde uns eingetrichtert, dass Geld nur funktioniert, wenn eine Regierung es ausgibt, dass Banken notwendig sind, um Zahlungen abzuwickeln, dass Inflation eine Naturkonstante ist.

Diese Denkweise zu durchbrechen, erfordert Aufklärung.

Jedes Meetup, jeder Vortrag, jedes Buch, jeder Podcast, jeder Artikel über Bitcoin trägt dazu bei, dass mehr Menschen verstehen, warum es die beste Alternative zum Fiat-System ist.

Wenn du ein Experte bist, kannst du Vorträge halten oder Bitcoin-Kurse anbieten. Wenn du noch am Anfang stehst, kannst du dein Wissen mit anderen teilen – Freunden, Familie oder Kollegen. **Jede Person, die durch dich Bitcoin versteht, ist eine weitere, die sich aus dem Fiat-System befreit.**

Parallelstrukturen aufbauen: Eine Welt ohne staatliche Kontrolle erschaffen

Bitcoin ist nicht nur ein Finanzsystem. **Es ist der Startpunkt für eine Parallelgesellschaft, in der Menschen nicht mehr auf staatliche Institutionen angewiesen sind.**

Heute gibt es bereits Bitcoin-basierte Alternativen in vielen Bereichen:

→ Bitcoin-Only Unternehmen, die auf Fiat-Banken verzichten.

→ Bitcoin-Finanzierung für Landwirtschaft, Kunst und soziale Projekte.

→ Bitcoin-basierte Bildungsangebote, die unabhängig von staatlichen Schulen und Universitäten funktionieren.

Je mehr dieser Strukturen entstehen, desto weniger sind Menschen auf das alte System angewiesen. **Und jeder kann dazu beitragen.**

Vielleicht akzeptierst du Bitcoin in deinem eigenen Geschäft. Vielleicht startest du ein kleines Projekt, das Menschen hilft, mit Bitcoin zu wirtschaften. Vielleicht unterstützt du eine Initiative, die bereits existiert. Die wichtigste Erkenntnis ist: **Niemand muss auf politische Veränderungen warten. Die Zukunft kann direkt gebaut werden.**

Netzwerke nutzen:
Die Kraft der Community

Wenn du die Welt verändern willst, umgib dich mit Menschen, die es bereits tun.

Bitcoin ist eine Bewegung – und eine Bewegung lebt von ihren Menschen. Sich mit anderen zu vernetzen, bedeutet nicht nur, Gleichgesinnte zu treffen, sondern auch, gemeinsam mehr zu erreichen.

Die besten Bitcoin-Communitys existieren bereits, sowohl online als auch offline. Überall auf der Welt finden Bitcoin-Meetups, Konferenzen und Hackathons statt, bei denen Ideen ausgetauscht und Projekte gestartet werden.

Diese Netzwerke sind der Nährboden für eine neue Gesellschaft. **Hier entstehen die Ideen, die Bitcoin als Grundlage für eine freie Welt nutzbar machen.**

Und das Beste daran? **In einer Bitcoin-Welt gibt es keine zentralen Organisationen, die entscheiden, wer mitmachen darf. Jeder kann Teil der Bewegung sein, indem er sich einfach einbringt.**

Die Hochkultur der Zukunft
beginnt mit dir

Es gibt zwei Arten, mit dem Wandel umzugehen: **Man kann darauf warten, dass andere ihn gestalten – oder man kann ihn selbst in die Hand nehmen.**

Bitcoin gibt jedem diese Möglichkeit. Es ist ein Werkzeug, das dich von Banken, Staaten und Inflation befreit. Doch **Freiheit ist nicht nur eine Option – sie ist eine Verantwortung.**

Die Hochkultur der Zukunft wird nicht durch Gesetze oder politische Programme entstehen. Sie wird von Menschen aufgebaut, die sich entschließen, unabhängig zu denken, selbstbestimmt zu handeln und andere auf ihrem Weg mitzunehmen.

Die Entscheidung liegt bei dir.

Wirst du weiterhin auf Reformen hoffen, oder wirst du aktiv daran arbeiten, eine neue Realität zu erschaffen? Wirst du Bitcoin nur als Investment sehen, oder wirst du es als das nutzen, was es wirklich ist – **das Fundament einer freien Gesellschaft?**

Die Bitcoin-Hochkultur entsteht nicht von allein. Sie entsteht durch Menschen wie dich.

Zusammenfassung von Teil 4: Die Zukunft ist jetzt

Die Welt, wie wir sie kennen, ist ein Auslaufmodell. Die Fiat-Wirtschaft basiert auf Schulden, Inflation und Zentralbank-Willkür – und sie steht vor dem unausweichlichen Kollaps. Wer sich auf Staaten, Banken oder das Versprechen politischer Stabilität verlässt, wird in den kommenden Jahren erleben, wie diese Institutionen versagen.

Doch während das alte System zerfällt, entsteht eine neue Ordnung. **Bitcoin ist nicht nur ein alternatives Geld, sondern der Schlüssel zu einer freien und souveränen Gesellschaft.** Es ermöglicht nicht nur den Schutz von Ersparnissen vor Inflation, sondern auch die Schaffung neuer Wirtschaftsstrukturen – unabhängig von staatlicher Kontrolle.

Die Zukunft gehört denen, die sich jetzt auf diesen Wandel vorbereiten. **Freie Privatstädte, parallele Ökonomien und dezentrale Netzwerke werden die Grundlage einer neuen Hochkultur sein.** Menschen werden nicht länger gezwungen sein, in überregulierten, korrupten Systemen zu verharren – sie werden ihre eigenen Alternativen aufbauen.

Doch diese Zukunft passiert nicht von selbst. **Jeder Einzelne kann einen Beitrag leisten – sei es durch finanzielles Engagement, durch Bildung, durch Unternehmertum oder durch den Aufbau starker Netzwerke.**

Die Renaissance der Freiheit hat begonnen. **Die einzige Frage ist: Wirst du Teil davon sein – oder wirst du auf das alte System setzen, das unweigerlich scheitern wird?**

Teil 5

Die Renaissance der Freiheit

20 Bitcoin – Mehr als Geld, eine neue Denkweise

Es gibt eine Wahrheit, die mächtiger ist als alle Gesetze und Regierungen: Die Welt gehört denen, die sich trauen, anders zu denken.

Bitcoin ist weit mehr als nur eine digitale Währung. Es ist eine Revolution im Denken. Wer Bitcoin versteht, erkennt, dass es nicht nur um Geld geht – es geht um die Art, wie wir die Welt sehen, wie wir Werte bewahren, wie wir Verantwortung übernehmen. **Bitcoin verändert nicht nur unser Finanzsystem – es verändert uns selbst.**

Unsere Gesellschaft wurde über Jahrzehnte auf kurzfristiges Denken programmiert. Fiat-Geld entwertet sich mit jedem Tag, also müssen wir konsumieren, statt zu sparen. Schulden werden als Normalität verkauft, obwohl sie in Wahrheit nichts anderes als eine Form der modernen Sklaverei sind. Der Staat erzieht uns dazu, abhängig zu sein, unsere Probleme an Politiker zu delegieren, auf Rettung von oben zu warten.

Bitcoin durchbricht diesen Kreislauf.

Es belohnt jene, die langfristig denken. Wer Bitcoin spart, versteht plötzlich, was echte Wertaufbewahrung bedeutet. Wer Bitcoin hält, begreift, dass Zeitpräferenz der Schlüssel zu Wohlstand ist – nicht nur wirtschaftlich, sondern auch persönlich.

Von kurzfristigem Konsum zu langfristigem Werterhalt

Die Fiat-Welt drängt uns dazu, immer im Hier und Jetzt zu leben, nicht nach vorne zu schauen. Menschen werden ermutigt, Kredite aufzunehmen, sich zu verschulden, ihre Zukunft gegen kurzfristige Befriedigung einzutauschen.

Bitcoin ist mehr als eine Technologie. Es ist ein Upgrade für die menschliche Psyche.

Doch in einer Bitcoin-Welt ändert sich das.

→ Wer Bitcoin hält, spart für die Zukunft.
→ Wer spart, denkt langfristig.
→ Wer langfristig denkt, trifft bessere Entscheidungen.

Es ist eine Veränderung, die weit über Geld hinausgeht. Menschen, die sich von Fiat befreien, leben anders. Sie setzen sich größere Ziele. Sie streben nach Exzellenz. Sie bauen Dinge, die Bestand haben.

Diese Denkweise ist es, die Hochkulturen entstehen lässt. **Nicht blinder Konsum, sondern Weitsicht und die Bereitschaft, an etwas Dauerhaftem zu arbeiten.**

Individuelle Verantwortung statt Abhängigkeit vom Staat

Die Fiat-Welt lehrt uns, dass der Staat für uns sorgt. Er gibt uns Regeln vor, nimmt uns unser Geld, verteilt es um, entscheidet, was erlaubt ist und was nicht. Und wenn das System scheitert? Dann soll wieder der Staat es richten.

Bitcoin verändert das. **Es gibt dir deine Verantwortung zurück.**

→ Niemand kann dein Bitcoin-Guthaben einfrieren.
→ Niemand kann deine Kaufkraft durch Gelddrucken vernichten.
→ Niemand kann dich zwingen, an einem korrupten Finanzsystem teilzunehmen.

Mit dieser Freiheit kommt aber auch eine neue Verantwortung. **Plötzlich bist du selbst für dein Geld zuständig.** Keine Bank ruft an, wenn du deine Keys verlierst. Keine Regierung springt ein, wenn du einen Fehler machst. **Doch genau das ist der Kern** echter Souveränität. **Freiheit ist nicht bequem. Sie ist herausfordernd.** Doch nur wer Verantwortung übernimmt, kann wirklich unabhängig sein.

Jeder kann zur neuen Hochkultur beitragen

Viele fragen sich: Was kann ich schon tun? Ich bin doch nur eine Person. Doch genau hier liegt das Missverständnis. *Der Wandel beginnt nicht in Parlamenten oder Banken – er beginnt bei dir.* **Eine Hochkultur entsteht nicht durch zentrale Planung – sie entsteht durch viele einzelne Menschen, die sich für etwas Besseres entscheiden.**

Wenn du Bitcoin nutzt, hilfst du mit, das alte System zu schwächen.

Wenn du dein Wissen teilst, hilfst du anderen, sich aus dem Fiat-Käfig zu befreien.

Wenn du ein Bitcoin-Unternehmen gründest, baust du eine neue Parallelwelt.

Jede einzelne Handlung zählt.

Freiheit beginnt im Kopf. Wenn du erkennst, dass du nicht auf Reformen warten musst, dass du jetzt handeln kannst, dann hast du bereits den ersten Schritt getan. Dann bist du Teil der neuen Hochkultur.

Und dieser Wandel geschieht nicht durch Hierarchien. Bitcoin ist dezentral – und die neue Hochkultur ist es auch. Menschen organisieren sich in Netzwerken, in freien Gemeinschaften, in Peer-to-Peer-Systemen, die sich nicht mehr kontrollieren lassen.

Sei der Wandel: Dein Handlungsaufruf

Die Zukunft gehört nicht denen, die abwarten. Sie gehört denen, die jetzt handeln.

Vielleicht fühlst du dich manchmal machtlos angesichts der Korruption, der Kontrolle, der Gier des alten Systems. Doch Bitcoin zeigt uns, dass es einen Ausweg gibt. **Du musst nicht darauf warten, dass jemand anders das Problem löst.**

Die Entscheidung liegt bei dir.

Willst du weiter in Fiat sparen und hoffen, dass Inflation dich nicht enteignet? Oder willst du Bitcoin nutzen und unabhängig werden?

Willst du weiter konsumieren, ohne nachzudenken? Oder willst du investieren, aufbauen, gestalten?

Willst du darauf warten, dass der Staat dein Leben verbessert? Oder willst du dein eigenes Leben selbst in die Hand nehmen?

Die Wahrheit ist: **Niemand wird dich retten.** Es gibt keine politische Lösung, keine perfekte Reform, keinen magischen Moment, in dem das System plötzlich fair wird. Doch es gibt einen Ausweg – **und du hast ihn bereits gefunden.**

Also fang an. Heute. Jetzt.

Setze deine ersten Schritte in die Bitcoin-Hochkultur.

→ Eröffne eine Wallet.

→ Kauf deine ersten Satoshis – oder wenn du schon dabei bist, nutze es im Alltag.

→ Sprich mit anderen darüber.

→ Schließe dich einer Community an.

→ Finde Wege, wie du dein Leben unabhängiger gestalten kannst.

Es beginnt mit dir.

Die Renaissance der Freiheit ist nicht etwas, das in ferner Zukunft liegt. **Sie beginnt genau hier, genau jetzt – und sie beginnt mit den Menschen, die sich trauen, anders zu denken.**

21   Der Aufbruch in eine Bitcoin-Hochkultur

Jede Generation hat eine Wahl: Sie kann sich an das Alte klammern oder die Zukunft gestalten.

Es gibt Ideen, die lassen sich nicht aufhalten. Die Druckerpresse hat das Monopol der Kirche auf Wissen zerstört. Das Internet hat die Medienlandschaft für immer verändert. Und Bitcoin? **Bitcoin wird das Finanzsystem umkrempeln.**

Viele haben das noch nicht verstanden. Sie denken, Bitcoin sei nur ein Experiment, eine Modeerscheinung, ein Spekulationsobjekt. Sie sehen die Volatilität und glauben, es sei zu unsicher. Sie hören die Warnungen der Zentralbanken und nehmen sie ernst.

Doch die Wahrheit ist: **Bitcoin hat bereits gewonnen.**

Es ist nicht mehr die Frage, ob sich Bitcoin durchsetzt – es ist nur noch die Frage, wann.

Denn Bitcoin ist mehr als nur eine Währung. Es ist das erste Geld der Menschheitsgeschichte, das auf purer Mathematik basiert. Es ist ein System, das ohne zentrale Autorität funktioniert. Ein Wertetransfer, der global, sicher und unveränderbar ist.

Die Staaten können Bitcoin nicht zerstören. Aber Bitcoin kann die Staaten zerstören.

ANONYMUS BITCOINER

Die Staaten der Welt mögen versuchen, es zu regulieren, zu verbieten, einzudämmen – doch sie kämpfen gegen eine Hydra. Jeder neue Angriff macht Bitcoin nur robuster. Jede neue Krise des Fiat-Systems treibt mehr Menschen in seine Arme.

Die Digitalisierung hat etwas in Gang gesetzt, das nicht mehr rückgängig gemacht werden kann. Sie hat Informationen entmonopolisiert, Märkte demokratisiert, Wissen in jeden Winkel der Welt getragen. Sie hat gezeigt, dass Menschen **keine zentralisierten Strukturen brauchen, um frei zu handeln, zu kommunizieren, zu arbeiten und zu leben**.

Bitcoin ist der logische nächste Schritt.

Es wird sich durchsetzen, weil es besser ist. Weil es die Probleme löst, die das Fiat-System geschaffen hat. Weil es frei und neutral ist. Weil es in einer digitalen, global vernetzten Welt die effizienteste Form von Geld ist.

Und weil es bereits jeden Tag benutzt wird – nicht von Politikern, nicht von Bankern, sondern von normalen Menschen, die verstanden haben, dass die Zukunft

Let's fucking go!

MARC GUILLIARD

nicht von **Regierungen entschieden wird, sondern von denen, die sie aktiv gestalten.**

Willkommen in der Bitcoin-Hochkultur.

Bitcoin in 60 Sekunden

Bitcoin ist kein Investment.
Es ist deine Exit-Strategie.

Wenn du echtes Eigentum willst,
fang beim Geld an.

Inflation ist Raub.
Bitcoin ist Verteidigung.

Wer den Staat nicht mehr braucht,
braucht kein Fiat-Geld.

21 Millionen Bitcoin.
8 Milliarden Menschen.
Mach was draus.

Der Bitcoin-Test –
Bist du bereit?

☐ Ich habe eine eigene Wallet.

☐ Ich kann einem Freund in unter 2 Minuten erklären, was Bitcoin wirklich ist.

☐ Ich vertraue keinem System, das meine Kaufkraft kontrolliert.

☐ Ich habe meine Sats außerhalb von Börsen.

☐ Ich bin bereit, Verantwortung zu übernehmen.

Je mehr Häkchen, desto näher bist du an der Hochkultur. 😎

Dein Bitcoin-Exit-Plan –
Der persönliche Fahrplan

1. Verstehen:
Bücher, Videos, Podcasts

2. Starten:
Wallet einrichten, erste Sats kaufen

3. Nutzen:
erste Zahlung mit Lightning

4. Verdienen:
Bitcoin akzeptieren oder verdienen

5. Netzwerke:
Meetups, Community, Konferenzen

6. Bauen:
eigene Projekte, Parallelstrukturen

7. Teilen:
Bildung verbreiten, andere inspirieren

Empfohlene Literatur für die Bitcoin-Hochkultur

Bitcoin ist weit mehr als nur eine technologische Innovation – es ist ein Paradigmenwechsel in Wirtschaft, Gesellschaft und Denken. Wer diesen Wandel wirklich verstehen will, kommt an den folgenden Büchern nicht vorbei. Sie bieten tiefgehende Einblicke in die ökonomischen, philosophischen und praktischen Grundlagen von Bitcoin und Freiheit.

Bitcoin & Wirtschaft

SAIFEDEAN AMMOUS – DER BITCOIN-STANDARD

Das Standardwerk, um zu verstehen, warum Bitcoin die härteste Form von Geld ist, die je existiert hat. Saifedean verknüpft Wirtschaftsgeschichte, Sound Money und Bitcoin zu einem schlüssigen Gesamtbild. Pflichtlektüre für alle, die über den Tellerrand von Fiat hinausblicken wollen.

SAIFEDEAN AMMOUS – DER FIAT-STANDARD

Während *Der Bitcoin-Standard* zeigt, warum Bitcoin überlegen ist, erklärt *Der Fiat-Standard*, wie unser gegenwärtiges Geldsystem funktioniert – oder besser gesagt: Warum es nicht funktioniert. Eine schonungslose Analyse des Fiat-Sumpfes, aus dem wir mit Bitcoin entkommen können.

GIGI – 21 LEKTIONEN

Eine philosophische Reise durch die Welt von Bitcoin. Gigi zeigt auf poetische Weise, dass Bitcoin mehr ist als nur Technologie – es ist eine neue Art zu denken. Perfekt für alle, die sich mit den tieferen Implikationen von Bitcoin beschäftigen wollen.

COINFINITY BITCOIN BLINKS – ALLES RUND UM BITCOIN AUF EINEN BLINK

Ein großartiger Überblick über Bitcoin – kompakt, praxisnah und leicht verständlich. Wer in kürzester Zeit die Essenz von Bitcoin erfassen möchte, findet hier die wichtigsten Konzepte in prägnanter Form.

KNUT SVANHOLM – BITCOIN: EVERYTHING DIVIDED BY 21 MILLION

Bitcoin verändert alles. Knut Svanholm erklärt in diesem Buch, warum eine Welt mit fixem Geld eine

Welt voller neuer Möglichkeiten ist. Perfekt für alle, die Bitcoin nicht nur als Finanzinnovation, sondern als Gesellschaftsveränderung begreifen wollen.

Ökonomie & Freiheit

MURRAY N. ROTHBARD – FÜR EINE NEUE FREIHEIT

Rothbard entfaltet hier die libertäre Vision einer freien Gesellschaft ohne Zwang und staatliche Eingriffe. Ein Augenöffner für alle, die sich fragen, wie eine Welt ohne staatliche Kontrolle funktionieren kann.

MURRAY N. ROTHBARD – DIE ANATOMIE DES STAATES

Eine der besten Analysen darüber, was ein Staat wirklich ist – kein wohlwollender Beschützer, sondern eine parasitäre Struktur, die sich durch Enteignung finanziert. Rothbard zeigt, warum wir den Staat nicht brauchen und warum echte Freiheit nur ohne ihn existieren kann.

LUDWIG VON MISES – MENSCHLICHES HANDELN

Das Grundlagenwerk der Österreichischen Schule der Nationalökonomie. Mises zeigt, dass Wirtschaft keine Wissenschaft der Formeln ist, sondern das Studium menschlichen Handelns. Wer den freien Markt verstehen will, kommt an diesem Buch nicht vorbei.

BENJAMIN MUDLACK – NEUES GELD FÜR EINE NEUE WELT

Ein brillanter Überblick darüber, warum Bitcoin die logische Konsequenz aus den Fehlern unseres Geldsystems ist. Mudlack erklärt, warum wir mit Bitcoin nicht nur unser Geld, sondern unsere gesamte Gesellschaft transformieren können.

Weitere Empfehlungen für Bitcoin & Freiheit

HANS-HERMANN HOPPE – DEMOKRATIE: DER GOTT, DER KEINER IST

Eine radikale Abrechnung mit dem Mythos Demokratie. Hoppe zeigt, warum Demokratie kein Garant für Freiheit ist, sondern ein System, das langfristig in den Sozialismus führt.

ALEX GLADSTEIN – CHECK YOUR FINANCIAL PRIVILEGE

Bitcoin ist für viele im Westen eine Investition – für Milliarden Menschen in autoritären Regimen oder mit wertlosen Währungen ist es eine Lebensnotwendigkeit. Gladstein erklärt, warum Bitcoin finanzielle Freiheit für alle bedeutet.

TITUS GEBEL –
FREIE PRIVATSTÄDTE

Wer die Idee der Free Cities spannend findet, sollte dieses Buch lesen. Gebel beschreibt, wie Städte ohne staatlichen Zwang funktionieren könnten – ein Modell für die Zukunft.

VIJAY BOYAPATI –
THE BULLISH CASE FOR BITCOIN

Eine der besten Erklärungen, warum Bitcoin nicht nur eine Spekulation ist, sondern die nächste monetäre Evolution. Kurz, prägnant und auf den Punkt.

JEFF BOOTH –
THE PRICE OF TOMORROW

Booth erklärt, warum unser derzeitiges Geldsystem mit Inflation und Schulden nicht überlebensfähig ist – und warum Bitcoin als deflationäres Geld der Schlüssel zu echter wirtschaftlicher Stabilität ist.

Die How to HOCHKULTUR Buchreihe – Dein Kompass zur Freiheit

Die How to HOCHKULTUR-Buchreihe ist mehr als nur eine Sammlung von Schriften – sie ist ein Weckruf, ein Kompass für alle, die sich aus den Fesseln des alten Systems befreien und eine neue, selbstbestimmte Welt erschaffen wollen. Hier geht es nicht um bloße Theorie, sondern um konkrete Strategien, um Wissen, das sich in der Praxis bewährt hat, um eine Blaupause für eine Hochkultur, die auf Freiheit, Eigenverantwortung und dezentralen Strukturen basiert.

Jedes dieser Bücher widmet sich einem essenziellen Grundpfeiler der Unabhängigkeit: Selbstbestimmung, Exit-Strategien, Bitcoin und der Aufbau von Parallelstrukturen. Wer sie liest, wird nicht nur verstehen, warum das alte System zum Scheitern verurteilt ist, sondern auch, welche konkreten Schritte nötig sind, um sich daraus zu lösen – und warum genau jetzt der Moment ist, aktiv zu werden.

Freiheit Next Level – Warum die Welt Freiheit braucht

Dieses Buch ist der ideale Einstieg in die Denkweise der Hochkultur. Es zeigt, dass Freiheit nicht einfach bedeutet, von äußeren Zwängen befreit zu sein, sondern eine bewusste Entscheidung für Eigenverantwortung und langfristiges Denken. Staatliche Strukturen sind nicht der Garant für Freiheit, sondern ihr größtes Hindernis. Wirkliche Unabhängigkeit entsteht nicht durch Wahlen oder Reformen, sondern durch aktives Handeln.

Freiheit bedeutet, niemanden um Erlaubnis fragen zu müssen.

Wer dieses Buch liest, versteht, warum eine niedrige Zeitpräferenz der Schlüssel zu Wohlstand und Souveränität ist, warum echte Alternativen zum Staat aufgebaut werden müssen – und wie jeder einzelne daran mitwirken kann. Es ist ein Manifest für all jene, die Freiheit nicht als abstrakten Begriff, sondern als Lebensprinzip begreifen wollen.

Raus hier! – Exit-Strategien aus der Fiat-Welt

Wer erkannt hat, dass das System nicht reformierbar ist, muss sich damit befassen, wie er sich daraus löst. Dieses Buch ist ein praktischer Leitfaden für alle, die nicht länger auf politische Veränderungen hoffen, sondern selbst neue Wege gehen wollen.

Warte nicht auf Reformen. Raus hier – jetzt.

Es zeigt auf, wie finanzielle Exit-Strategien mit Bitcoin, Gold und produktiven Assets funktionieren, warum Freie Privatstädte, Expatriation und steuerfreie Zonen mehr als nur utopische Ideen sind und wie man Parallelstrukturen erschafft, die eine echte Alternative zum staatlichen System bieten.

Wer bereit ist, nicht nur zu jammern, sondern sich aktiv eine eigene Zukunft außerhalb des Fiat-Käfigs aufzubauen, wird hier die entscheidenden Impulse finden.

Exit Fiat – Mit Bitcoin zu einer neuen Hochkultur

Bitcoin ist nicht nur Geld. Es ist der Schlüssel zur Freiheit.

Die Fiat-Welt bricht zusammen. Doch was kommt danach? Dieses Buch macht klar, dass Bitcoin nicht einfach eine neue Währung ist, sondern das Fundament einer völlig neuen wirtschaftlichen und gesellschaftlichen Ordnung.

Es zeigt, warum Geld die Grundlage jeder Zivilisation ist – und warum Fiat-Geld zwangsläufig immer scheitert. Wer verstehen will, warum Bitcoin mehr ist als nur ein Spekulationsobjekt, warum es eine deflationäre, freie Wirtschaft ermöglicht und wie es in Verbindung mit regenerativer Landwirtschaft und echter Unabhängigkeit steht, findet hier die Antworten.

Dieses Buch richtet sich an alle, die nicht nur Bitcoin halten, sondern auch begreifen wollen, warum es die Zukunft gestaltet.

Befreit euch! – Der Weg in eine Welt ohne Staat

Befreit euch! ist mehr als ein Buch – es ist ein Weckruf, ein poetisches Manifest für radikale Freiheit. Es zeigt, dass unsere Ketten nicht aus Stahl, sondern aus Glaubenssätzen, Ängsten und Gewohnheiten bestehen.

Dieses Werk verbindet libertäre Gedanken mit einer spirituellen Wahrheit: Freiheit beginnt im Kopf. Befreiung geschieht nicht durch politische Kämpfe, sondern durch die Erkenntnis, dass wir nie wirklich gefangen waren.

Niemand wird dich retten. Also rette dich selbst.

Ein Buch für Rebellen, Freigeister und alle, die die alte Welt hinter sich lassen und das Leben in seiner ganzen Fülle erfahren wollen.

Die Hochkultur beginnt jetzt. Diese Bücher sind keine bloße Theorie, sondern eine Anleitung für eine neue, dezentral organisierte Welt. Sie bieten das Wissen, die Strategien und das Mindset, um sich aus dem alten System zu lösen und Teil einer echten Renaissance der Freiheit zu werden.

Jeder kann mitmachen. Jeder kann seinen Beitrag leisten. Die Hochkultur gehört denen, die sie aufbauen.

ÜBER HOW TO HOCHKULTUR

How to HOCHKULTUR steht für radikale Freiheit. Für ein Leben ohne staatliche Gängelung, ohne Vorschriften, ohne „du musst". Wir glauben an freiwillige Kooperation, freien Markt und Bitcoin als Fundament einer wirklich freien Gesellschaft.

Dieses Buch ist eine Einladung, die nächste Stufe der Freiheit zu entdecken – nicht als Theorie, sondern als gelebte Praxis. Es zeigt, wie ein Leben ohne Staat nicht nur möglich, sondern besser ist. Ohne Abhängigkeit, ohne Kompromisse, dafür mit echter Selbstbestimmung.

Wenn du glaubst, dass Freiheit kein nettes Ideal, sondern eine Notwendigkeit ist – dann bist du hier richtig.

www.hochkultur.org